약자가 강자를 이기는 15 원칙

RANCHESTA JAKUSHA HITSHOU NO SENRYAKU

By Takeda Youichi

Copyright (c) 1986 Takeda Youichi

All rights reserved.

Originally Published in Japan by Business Co., Ltd. Tokyo

Korean translation rights arranged with Samyang Media Co.,Ltd. Korea

Through Business Co., Ltd. Tokyo and PLS Agency, Seoul.

약자가 강자를 이기는 15 원칙

타케다 요이치 지음 | 정성호 옮김

삼양미디어

비지니스맨의 이익 제조능력은 1개월에 약 2만 엔 정도

중소기업에서 일하는 비즈니스맨은 한 달에 세금 공제 후 어느 정도의 순이익을 내고 있을까? 1인당 평균 2만 엔 정도이다.

이것이 바로 1인당 중소기업 전체 평균의 월 이익금액이다. 다시 말하면, 한 달에 수익발생 제조능력이 1인당 2만 엔에 불과한 것이다.

한 달 평균 25일을 일했다고 한다면 하루에 8백 엔이 된다. 하루 8시간을 일했다고 한다면 1시간당으로는 1백 엔이 된다. 세부적으로 나누어 보면 절망적인 금액이 된다.

만약에 1개월간 1인당 순이익이 1만 5천 엔이라면 1일당 6백 엔이 된다. 그런데 일반 제조공장이나 건설업체의 하청

회사, 소매업 등에서는 1개월간 1인당 순이익이 1만 엔 전후인 회사도 많다. 그러면 1인당 순이익이 4백 엔이 된다.

섬유산업나 쇠퇴 산업에 종사하는 회사에 이르면, 5천 엔 이하의 회사도 나타난다. 5천 엔이라면 1일당 2백 엔이 된다. 요컨대 우리는 하루 일해서 도시락이나 우동 값 정도의 이익 창출 능력 밖에 갖고 있지 못한 실정이다.

승자 그룹은 3만 5천 엔 이상, 지방대회 우승의 실력 회사는 7만 엔~10만 엔. 10만 엔~15만 엔은 전국대회 우승의 실력 회사 그룹. 1만 5천 엔 이하는 패자 그룹 기업.

경영 실적이 좋다고 할 수 있으려면 3만 5천 엔은 되어야 한다. 이 정도 금액의 이익이 나면 재무 내용은 해마다 좋아진다. 5만 엔에서 7만 엔이 되면 유사 업종의 경쟁사들 사이에서는 아마 최고의 수익 발생 회사가 될 것이다.

이 금액이 10만 엔에서 15만 엔이 된다면 전국 수준에서 톱 클라스에 들어갈 수가 있다. 전국대회 우승, 즉 〈갓시엔〉에서 우승할 수 있는 실력을 갖게 된다. 주식 상장 기업의 평균이 10만 엔이니까 중소기업에서 이 정도의 이익을 올린다면 사장은 전략가 중의 전략가라고 할 수 있을 것이다.

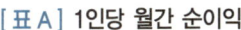

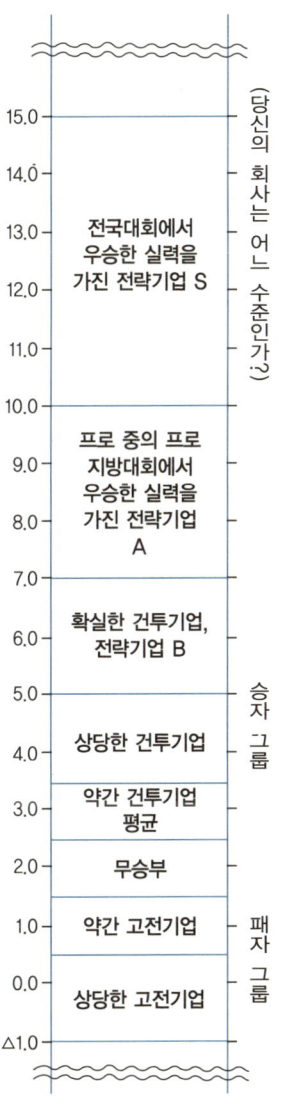

[표A] 1인당 월간 순이익

(당신의 회사는 어느 수준인가?)

15.0	
14.0	전국대회에서 우승한 실력을 가진 전략기업 S
13.0	
12.0	
11.0	
10.0	
9.0	프로 중의 프로 지방대회에서 우승한 실력을 가진 전략기업 A
8.0	
7.0	
6.0	확실한 건투기업, 전략기업 B
5.0	
4.0	상당한 건투기업
3.0	약간 건투기업
	평균
2.0	무승부
1.0	약간 고전기업
0.0	상당한 고전기업
△1.0	

승자 그룹

패자 그룹

거꾸로, 1인당 월간 순이익이 1만 5천 엔을 밑돌게 되면 패자 그룹이 된다. 업계 경력이 몇 년이 되었든 간에 재무 내용은 좋아지지 않는다. 이것이 만약 1만 엔이 되면 패자 그룹 중의 패자 그룹이 되기 때문에 비상사태를 선언해야 한다. 왜냐하면, 1만 엔은 실질적으로 "제로 수준"이기 때문이다. 수지의 균형은 제로 수준이 아닐 수 있으나 실제 경영에서는 1만 엔이 제로미터(0미터)가 되는 것이다(표A).

자신의 회사가 어느 수준에 있는가, 그리고 경쟁 관계에 있는 유사 업종의 회사가 어느 정도의 이익 수준에 있는가를 알아보고, 몇 개 기업을 비교해 보면 자사의 위치를 바로 알 수 있을 것이다. 옛날에는 종업원 수가 많은 쪽이 좋은 회사처럼 보였다. 그러나 지금은 다르다. 1인당 생산성으로 회사의 가치를 판단하는 시대로 변한 것이다.

대기업은 어떻게 되어 있는가?

대기업의 연간 매상고와 수익을 조사한 결과를 보면 이 둘의 상관관계는 거의 없는 것으로 나타났다. 다만, 어떤 분야에서 No.1을 차지하고 있는 회사는 이익 규모가 매우 크다는 것을 알 수 있었다. 〈마루타 식품〉은 장시간 노동을 강행해서 업계 1위의 1인당 이익을 내고 있고, 〈완파쿠〉 역시 무서운 상대다. 〈기린 맥주〉는 종합에서 No.1을 차지하고 있다. 〈다카라 주조〉의 이익은 엄청난데, 이는 이 회사만의 강점을 갖고 있기 때문이다. 연간 매상고에서는 〈아시히 맥주〉의 절반이지만 이익에서는 7배나 된다.

〈요메이슈〉는 〈아사히 맥주〉와 비교하면 연간 매상고에서는 20분의 1이지만, 1인당 이익에서는 5배 이상을 올리고 있다. 이것은 시장은 작지만 건강주에서는 No.1이기 때문이다. 〈닛싱 식품〉은 연간 매상고로 보면 〈아지노모토〉의 3분의 1이지만, 이익은 거의 4배나 되는데, 이는 라면 시장에서 60% 이상을 점유하여 No.1이 된 것이다. 〈불도크 소스〉는 소스 업계에서 No.1의 점유율을 차지하고 있다. 〈히타치 액셀〉은 최첨단의 비즈니스로 고수익을 올리고 있다. 그리고 〈파나크〉는 일본 제1의 장시간 노동 집단으로 놀라운 이익을 올리고 있다.

〈도요타〉는 종합 No.1으로, 〈닛산〉과 해마다 차이가 벌어지고 있다. 〈혼다〉는 부분적으로 No.1을 차지하고 있다. 〈이토요카도〉는 〈다이에〉보다 연간 매상고는 작지만 1인당 이익은 2.7배나 올리고 있다. 그 원인은 영업력이 강한 지역을 갖고 있기 때문이다. 〈마루이〉도 그렇다.

어떤 분야에서 No.1을 차지하지 못하면 이익은 그다지 크게 나지 않는다. 경영의 핵심이 바로 여기에 있다. 상품 시장이나 혹은 지역 시장의 대소보다는 어떤 분야에서 No.1을 차지하는 아이템이 있느냐 없느냐가 문제인 것이다.

중소기업은 경영 규모가 작기 때문에 약한 것이 아니다. 어떤 분야에서도 No.1이 되는 아이템이 없기 때문에 약한 것이다. No.1을 어떤 분야에서 어떻게 만드느냐가 경영전략에서 가장 중요한 핵심이다. 그 No.1을 만들기 위한 지침서로 본서를 집필하였다. 많은 도움이 되었으면 한다.

타케다 요이치

머리말

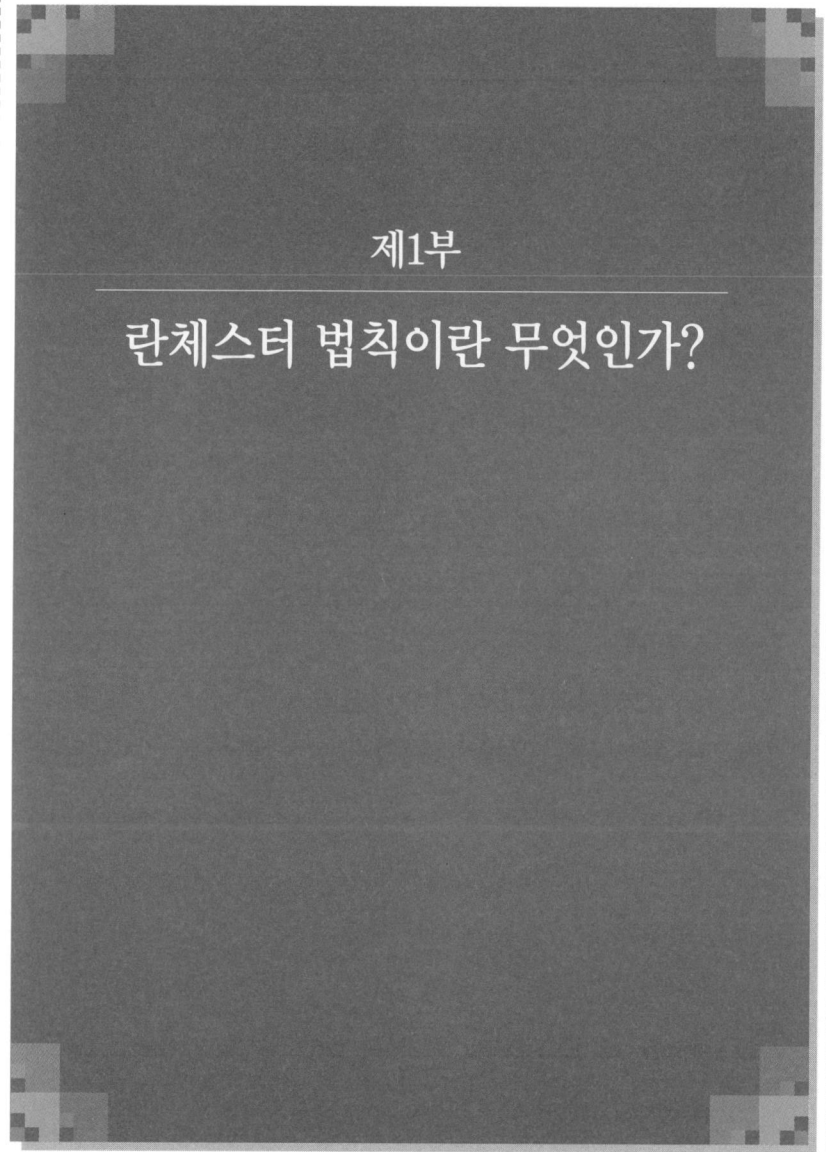

제1부

란체스터 법칙이란 무엇인가?

전쟁은 파괴의 과학이다. — 존 아보트 —

● 전략은 "합리적인 승리의 룰"이다

좋은 회사를 만들기 위해서는 무엇을 강화시킬 것인지 그 목표를 명확히 세우지 않으면 안 된다. 그리고 이 목표를 달성하는 방법이 "전략(strategy)"인 것이다. 요즘에는 전략이라는 말이 군사나 경영에서 뿐만 아니라 시험이나 취미 분야에서도 범람하여 사용된다. 그러나 전략에 대해 물어보면 만족스러운 설명을 들을 수가 없다. "전략"이란 과연 무엇인가?

전략이란 "합리적인 승리의 룰"이다. 경영 목표를 합리적으로 빨리 달성하는 방법이 경영 전략인 것이다. 그렇다면 합리적인 룰이란 어떤 것인가? 룰이란 "중요한 요점으로 구성된 것"을 말하며, 이러한 룰의 구성을 "개념" 혹은 "컨셉(concept)"이라고 한다.

기업 전략의 개념이란 많은 기업간 경쟁을 분석하고, 그 가운데서 성공과 실패의 요인을 가려내서 언어로 룰화(법칙화)한 것이다. 룰화가 성공의 첫째 조건이다. 룰화되어 있지 않은 추상적인 언어는 귀에 듣기는 좋지만 실행으로 이어지지 않는다.

　룰화하면 응용하기가 쉬워지고 사내 조직에 정착하기가 쉽기 때문에 행동 실천력이 생긴다. 전략적인 경영자는 많은 경영 사례를 분석하여 본질적인 것을 법칙화하는 특징을 가지고 있다. 하지만 전략이 없는 경영자는 우연히 일어난 하나의 사례만으로 법칙을 만들어 버린다. 또한 그것에 집착하여 타인의 의견을 전혀 듣지 않아 자칫 독선적인 사람이 되기 쉽다. 이런 경영자를 보고 사람들은 "바보는 하나만 알고 둘은 모른다"고 말한다. 이보다 더 심한 경우는, 이러한 덜된 사람에게서 들은 이야기를 사실 확인도 하지 않은 채 기정사실로 굳게 믿어 버리는 경영자이다. 선입관이 강해서 일을 추진하기 전부터 결론을 내려 버린다. 그래서 완고하고 독선적인 경영자에게는 전략이나 개념도 도움이 되지 않는다. "사고 정지형 인간"이기 때문이다. 가령, 오다 노부나가형 전략이니, 도쿠가와 이에야스형 전략이니, 히데요시형 전략이니 하는 것들을 경영 전략으로 내세우는 경영자들이다. 이런 무장들의 초개성적인 전략을 누구나 쉽게 경영에 접목할 수 있다면 세상은 온통 오다 노부나가, 히데요시, 도쿠가와 이에야스 류의 사람들로 가득찰 것이다. 가끔씩 미츠히데형(오반형) 인간도 있을지 모르지만.

어쨌든, 전략에 대한 개념을 알 것도 같으면서도 알기 어렵다는 생각이 들 것이다. 알기 어려운 것을 알기 쉽게 만들어야 한다. 그래야 응용과 실행을 할 수 있다.

● 란체스터 제1법칙과 제2법칙

전략이란 눈에 잘 보이지 않고 파악하기가 어렵다. 이를 눈에 보이도록 계량화하고 도식화한 것이 바로 란체스터 전략이다.

프레드릭 윌리엄 란체스터(1868년 10월 28일~1946년 3월 8일. 77세에 사망)는 가스 회사의 기술자로 일하던 샐러리맨이었다. 근무 중에 취미로 가솔린 엔진의 제작에 착수하여 1892년에 영국에서는 제1호 가솔린 엔진 자동차를 만들어 냈다. 2년 뒤인 1894년에, 26세의 나이로 독립하여 자동차 회사를 설립하고, 1894년 5월에 제1호 자동차를 상업적으로 생산해냈다.

란체스터는 벤처기업 경영자였던 것이다. 란체스터는 자동차를 연구하는 한편, 비행기에 대한 연구도 하고 있었다. 비행기 시대에 들어섰기 때문에 비행기에 대한 관심이 한층 더 높아져 갔다. 그리고 제1차 세계대전을 맞이했다. 놀랍게도 란체스터는 전략 공군의 필요성을 생각해 냈다. 이것은 대단한 선견성(先見性)이었다.

란체스터는 제1차 세계대전의 공중전을 연구하던 중에, 손실이 발생하는 원인에는 두 가지 법칙성이 있음을 발견하고, 두 가지 법칙을 발표했다. 란체스터의 머릿속에서 상상력을 발휘하여 법칙을 만든 것이 아니라, 현장의 실전 경험에 의해 법칙을 "발견"했던 것이다.

란체스터 법칙의 특징은 제2법칙에서 찾아볼 수 있다. 여러 사람들에 의한 확률적인 싸움에는 제2법칙이 적용된다. 기관총이나 대포, 그리고 항공기에 의한 공격은 "확률전"이다. 어떤 탄환이 명중할지 알 수 없으므로 확률에 의해서 손실이 발생한다. 적군과 아군의 무기 성능에 "차이가 없다"고 한다면, 무기 성능은 "1"이다. 무기 성능이 "1"이라면 공격력은 "병력수의 2승"에 비례한다. 이것을 "란체스터 2승의 법칙"이라고 한다. 즉 "공격 전력은 병력을 2승한 것"이 된다. 이것이 진짜 힘이다. 이 식(표 1)을 사용하여 다음의 경우를 생각해 보자.

[표1]

• 란체스터 제1법칙	• 란체스터 제2법칙
공격력＝병력수×무기 성능	공격력＝병력수^2×무기 성능

전투기에 의한 공중전이 벌어졌다. 병력수는 A군이 100기이고, B군은 60기. 전투기의 성능은 똑같고 조종사의 기능도 큰 차이가 없다. 그때, B군의 60기가 전멸할 때까지 싸운다면, A군은 몇 기가 남겠는가?

A군과 B군의 "전력"은 각자의 2승이다. 따라서 [A군의 2승 − B군의 2승]이 된다. 즉, [10,000 − 3,600 = 6,400]이 된다. 이것을 루트로 푼 것이 답이다. 루트 계산은 약간 어렵다. 그러나 현재의 전자계산기에는 대개 루트 키가 붙어 있으니까 문제없다.

답은 B군의 60기가 전멸했을 때, A군은 80기가 남는다. A군의 손해는 20기뿐이다(표 2). 전투기 수의 비교에서는 A군이 40% 적었지만, 손해는 3배로 확대되었다. 이것으로 알 수 있듯이 싸우기 전에 힘의 차이가 얼마 안 되더라도 결과는 커다란 차이가 되어서 나타난다. 병력수는 눈에 보이지만, 전력은 2승한 것에다가 보이지 않으니까 이것이 문젯거리다. 여기가 포인트다.

[표 2]

$\sqrt{A^2 - B^2}$= 잔존수는 $\sqrt{100^2 - 60^2}$= 80기 남는다.
※ 손실은 20기가 된다.

그렇다면, A군 100기에 대하여 B군이 각각의 병력수로 대항한다면, 어떤 결과가 될까? B군의 병력수가 적어지면 손실은 보다 작아지는 결과를 [표 3]에서 확인하기 바란다.

병력수의 차이가 커지면 손해의 차이는 그 이상으로 커진다. 100기 대 70기의 싸움에서는 손해 발생의 비율이 거의 1 대 2.5가 된다. 즉, 초기에 병력에서 30% 이상의 차이가 나면, 열세군이 이길 확률은 적다. 초기의 병력수에서 40%의 차이가 나면, 손해 발생의 비율이 "1 대 3"이 되고, 열세군의 승산은 거의 사라진다. 초기 병력수가 40% 이상 벌어진 상태에서는 같은 방식으로 싸우게 되면 말 그대로 "개죽음"이 되는 것이다.

[표 3] 란체스터 제2법칙에 의한 싸움의 손실 전투기수

A군 B군	$\dfrac{A군}{B군}$	A군 잔존수	A군 손실수	B군 손실	손실비 B군
100기대100기	1.00	0.00잔	100.00손	100기	1 대 1.000
100 대 95	1.05	31.22잔	68.78손	95	1 대 1.381
100 대 90	1.11	43.59잔	56.41손	90	11대 1.595
100 대 85	1.18	52.67잔	47.33손	85	1 대 1.796
100 대 80	1.25	60.00잔	40.00손	80	1 대 2.000
100 대 75	1.33	66.14잔	33.86손	75	1 대 2.215
100 대 70	1.43	71.41잔	28.59손	70	1 대 2.448
100 대 65	1.54	75.99잔	24.01손	65	1 대 2.707
100 대 60	1.67	80.00잔	20.00손	60	1 대 3.000
100 대 55	1.82	83.51잔	16.49손	55	1 대 3.335
100 대 50	2.00	86.60잔	13.40손	50	1 대 3.731
100 대 45	2.22	89.30잔	10.70손	45	1 대 4.205
100 대 40	2.50	91.65잔	8.35손	40	1 대 4.790
100 대 35	2.86	93.67잔	6.33손	35	1 대 5.529
100 대 30	3.33	95.39잔	4.61손	30	1 대 6.508
100 대 25	4.00	96.82잔	3.18손	25	1 대 7.862
100 대 20	5.00	97.98잔	2.02손	20	1 대 9.901
100 대 15	6.67	98.87잔	1.13손	15	1 대 13.274
100 대 10	10.00	99.50잔	0.50손	10	1 대 20.000

병력의 분산은 손실을 더욱 크게 한다

100기와 100기가 싸우면 함께 쓰러져서 양군 모두 전멸한다. 이것에 반하여, B군이 100기를 절반으로 나누어 50기씩 두 번에 출격시키면 A군의 손해는 어떻게 되는가?

100기와 50기의 싸움에서는 B군 50기가 전멸했을 때, A군 100기 가운데 13.4기의 손해가 나게 된다. 소수점 이하를 4사5입하면 14기의 손실. 잔존 전투기 수는 86대. 따라서 86대와 50기가 다시 교전을 하면, B군 50기가 전멸했을 때에는 A군은 86기 가운데 16기가 상실되고 70기가 남는다.

그러니까 100기를 두 차례로 나누어서 출전하여 싸우면, B군은 100기가 전멸한 데 반해서, A군은 1회 출전 시에 14기, 2회 출전 시에 16기의 손실뿐이니까 합계 30기의 손실이 발생된다.

이와 비슷한 계산을 다시 한 번 해보자. A군도 100기를 보유하고 있고, B군도 100기를 보유하고 있다. 그러나 B군은 25기씩 4회로 나누어서 교전한다면, 그 결과는 어떻게 되겠는가(표 4)?

[표 4] A군의 잔존 전투기수

> 병력의 분산은 손실이 크다. 100기를 25기로 나누어서 4회 싸우면 결과는 어떻게 되는가?
>
> • **1회전** $\sqrt{100^2 - 25^2}$ = 96.8대
>
> • **2회전** $\sqrt{96.8^2 - 25^2}$ = 93.5대
>
> • **3회전** $\sqrt{93.5^2 - 25^2}$ = 90.0대
>
> • **4회전** $\sqrt{90^2 - 2^2}$ = 86.5대
>
> ※ 결론은 잔존 전투기 86.5대, 손실 전투기 13.5대

4회로 나누어 교전한다면, B군의 100기가 전멸할 때까지 A군의 손해는 13.5기, 4사5입을 하더라도 14기에 머문다. 이것으로 알 수 있는 것처럼, 병력의 분산은 엄청나게 불리한 결과를 초래한다. 분산 공격은 힘만 많이 들 뿐 성과가 적다. 이런 경우에 자주 인용되는 것이 노몬한 사건[1]과 과달카날 전투[2]이다.

과달카날 전투에 투입한 일본군의 총수는 약 3만2천 명이고, 미군은 6만 명이었다. 작은 교전은 20회를 훨씬 넘었겠지만, 큰 전투는 3회 정도 일어났다. 결과적으로는 미

---

[1] 1939년 만주·몽골 국경지대인 노몬한에서 발생한 일본군과 옛 소련군간의 충돌사건

[2] 남서태평양 솔로몬제도의 섬으로, 제2차 세계대전 당시 미군과 일본군 사이에 지상전과 해전이 벌어진 곳

군의 전사자는 1천 명 정도, 부상자를 포함하면 5천 명 정도가 되었다. 이 중 부상자의 반수가 전사했다고 추정하더라도 전사자는 3천 명 정도 발생했다. 이에 반해서 일본군은 2만 1천 1백 명이나 전사했다(표 5).

[표 5] 일본군은 과달카날 전투에서 병력을 분산 투입해서 패배했다

일본군의 총 투입 병력 약 32,000명		미국의 총 병력 약 60,000명	
전사자	12,500명	전사자	1,000명
전상사	1,900명	부상자	4,245명
전병사	4,200명	합계	5,245명
행방불명	2,500명		
합계	21,100명		
철수자	10,900명		

병력 비율은 2 대 1의 싸움이었으나 3회로 나누어서 분산 투입했기 때문에 전사자의 수가 1 대 7로 되었다. 일본군은 2 대 1의 전력도 처음부터 투입한 것이 아니라 미군의 병력을 조사해 보지도 않고 즉흥적으로 병력을 분산 투입했던 것이다. 이 전투에서 미군과 일본군의 추가 병력의 수는 분명치 않지만, 란체스터 법칙의 계산과 큰 줄거리에서는 내용이 거의 일치하고 있다.

"병력의 분산은 손실을 더욱 크게 한다"는 이 법칙은 대

규모 매출을 위한 광고나 전단지의 배포 방식에도 적용된다. 넓은 지역에, 즉흥적으로 광고지를 여기저기에 조금씩 뿌려 가지고서는 성과로 이어질 확률이 적다. 집중이 필요하다. 영업도 마찬가지다. 작은 인원으로 넓은 지역을 돌게 되면, 결국 영업력이 분산되어 아무리 열심히 뛰어다녀도 성과가 나지 않는다.

전략은 눈에 잘 보이지 않지만, 란체스터 법칙을 토대로 계산해 보면 전략의 결과가 보이게 된다. 이것이 란체스터 법칙의 특징이다.

02 강자의 전략과 약자의 전략

강한 자가 이기는 것이 아니라 이긴 자가 강한 자이다.

>> 강자의 전략

병력 비율과 손실 발생량

란체스터 법칙에서 우리는 두 가지의 중요한 결론을 이끌어 낼 수 있다.

그 중 하나는, 병력수가 우세한 경우에 병력수를 더욱 늘려서 싸운다면, 아군의 손실이 최소화되면서 목적도 빨리 달성할 수가 있다는 것이다. 즉, 물량적인 싸움에서는 성과가 보다 크고, 손실은 보다 작은 것이다.

다시 한 번 이것을 검토해 보기로 하자. 100 대 100의 싸움에서 상대가 전멸할 때까지 싸운다면, 쌍방은 모두 전멸해 버린다. 이것은 앞 장에서 이미 설명했다. 그런데 A군은 예비 병력에 여유를 가진 우세군인 경우, 100을

"125"로 해서 싸운다면, B군이 전멸할 때 A군은 50의 손실밖에 발생하지 않는다. 또한 병력수를 "20" 증가시켜 145 대 100으로 싸운다면, B군 100이 전멸할 때 A군은 40의 손실로 줄어든다. 병력수가 125보다 "20" 증가시켰을 뿐인데도 손실은 "10"이나 감소한다.

이것이 바로 집중의 성과다. 즉, "물량적"인 측면에서 보다 유리한 싸움을 전개할 수가 있는 것이다. 그 결과, 우세군이 보다 유리한 고지에서 싸우는 승리의 전략이 생겨난 것이다. 이것을 "강자의 전략"이라고 부른다.

미영 연합군은 제2차 세계대전 참전이 불가피해지자 란체스터 법칙을 토대로 군사작전을 연구하기 시작했다. 영국군은 이집트의 대 롬멜[1] 작전과 일본군의 인팔 작전[2]에 란체스터 법칙을 시험적으로 사용하여 성공했다. 한편, 미군도 과달카날 전투 이후의 모든 작전에 란체스터 법칙을 응용했다. 이로 인해 일본은 대규모의 큰 전투에서는 전부 패배했다.

---

1) 독일 육군원수로, 제2차 세계대전시 탁월한 실력을 발휘한 야전 지휘관. 41년 초 이탈리아군을 지원하기 위한 북아프리카 파견 독일군 사령관으로 출정하여 사막의 전차기동전에서 대승하여 연합군으로부터 '사막의 여우'라 불림. 42년, 6월. 이집트를 침입하여 승리를 거두었으나 군수물품의 보급 두절과 영국군의 전력우세로 대패함. 44년. 히틀러 암살사건에 연루되어 자살.

2) 제2차 세계대전 당시 미얀마에서 일본군이 벌인 전투, 처음에는 승리하여 인도 침공의 교두보를 확보하는 데 성공했으나 결국 7월에 대패하고 말았다.

란체스터 법칙의 군사작전 연구가 체계화됨에 따라 전쟁과 경쟁의 승리의 법칙에 대한 과학성이 생겨났다. 란체스터 법칙은 경쟁을 정신주의로부터 분리시켰다. 1 대 1이나 단판 승부에서는 정신력을 무시할 수 없지만 집단 대 집단의 싸움에서는 정신력은 후차적인 문제다. 경영은 단판 승부가 아닌 매일 매일의 축적이며, 오랜 기간 계속되는 장기전이다.

란체스터 법칙을 경영상의 강자의 전략과 약자의 전략으로 구분하고, 경영의 법칙으로 바꿔 놓은 것은 고(故) 다오카 노부오이다. 여기서부터는 다오카 노부오에 의해 세워진 강자와 약자의 경영 전략에 대해서 알아보기로 한다.

● 강자의 전략 개념

좋은 조건을 타고난 우세한 집단이 주로 사용하는 전략 발상을 "강자의 전략"이라고 하는데, 강자의 전략에는 ① 물량전, ② 복합전, ③ 간접전, ④ 광역전, ⑤ 포위전의 5가지 개념이 있다. 여기에서는 강자의 전략에 대한 설명은 생략하기로 하고, 약자의 전략을 중심으로 살펴볼 것이다.

No.1 만들기의 행동 목표

좋은 조건을 타고나지 못한 회사가 좋은 조건을 타고난 강자의 회사와 같은 방식으로 경영을 해 나가는 것은 현명한 일이 아니다. 약자는 강자와는 다른 방식으로 "차별화"하지 않으면 안 된다.

그러기 위해서는 전략적으로 보아 중요한 분야에서 우위에 설 수 있는 경쟁 장면을 만들어 내야 한다. 이 장면 설정이 "전략 과제"이며 "전략 목표"이다. 그리고 이 목표를 달성하기 위한 구체적인 행동 계획을 세워야 한다. 이것이 "전술 과제"이며 "전술 목표"이다. 전략상의 목표에 따라서 매일의 반복 작업 단계까지 계획이 세워졌을 때 비로소 목표가 달성되는 것이다.

그 다음에는 작아도 좋으니까 No.1이라고 할 수 있는 것을 하나 만들어 내야 한다. 그리고 이것을 정착시킨 다음, 다음의 No.1 만들기 작업을 착수해 나가야 한다. 이와 같이 하나씩 가면서 No.1을 축적해 종합 No.1을 지향한다. 이것이 바로 약자가 승리해 나가기 위한 단계적인 성공 방법이다. 이제부터 No.1을 만들기 위한 약자의 전략 9가지 컨셉에 대해 알아보자.

(1) 전체적인 발상을 버리고 세분화된 발상을 전략화하여 실행하라

강자와 약자가 전면 전쟁을 벌인다면 승산이 없다. 그러나 강자에게도 약점은 있을 것이다. 그곳에 전력을 집중한다면 승리를 거둘 수 있다. 약한 부분을 찾는 돌파구의 발견은 전체를 세분화하는 데서 시작된다.

세분화는 상품 구성, 판매지역, 상품 유통 경로, 재무 내용, 조직과 인재 개발 등 여러 분야에서 행해진다. 상품의 세분화는 용도별, 디자인별 등으로 경합이 적은 상품을 노린다. 이것을 "틈새 상품"이라고 부른다.

판매지역의 틈새를 "맹점(盲点) 시장"이라고도 한다. 강한 경쟁 상대가 없는 지역이다. 경쟁이 적은 지역을 발견하는 것은 매우 중요한 포인트이다.

(2) 승리하기 쉬운 장면을 선택하라

강자와의 전면 전쟁을 피해야 한다. 중소기업은 기업간 경쟁의 무기에 해당되는 경영 자원이 부족하다. 빈약한 힘을 가지고 강한 회사와 싸워 보았자 어차피 승산이 없다.

우리가 잘 아는 〈스카이락〉는 원래는 슈퍼마켓이었다. 〈다이에〉와 〈이토요카도〉가 관동 지역에서 점포 확장 경쟁을 하기 시작했다.

경쟁사들과 매장 면적이 10 대 6 이상으로 벌어지고 "상품 구성이 거의 같은" 경우 〈스카이락〉가 두 개의 강자 업체와 경쟁에서 이길 승산은 거의 없었다. 왜냐하면 물리적으로 노력의 한계를 초과해 버리기 때문이다. 그래서 업종을 바꾸어 상품 구성을 바꾸기로 결정한 것이다.

이것은 경영자의 결단과 용기가 필요하다. 〈스카이락〉는 강한 경쟁 상대가 아직 없던 대중 레스토랑으로 업종 전환을 도모하여 성공을 이루었다. 강한 적과의 "전면 전쟁"을 피하고, 이기기 쉬운 분야를 찾아내어 그 분야에 경영의 초점을 맞추어 승리한 것이다.

이제까지 없었던 상품이나 사업은 승리하기 쉽다. 새롭게 만들어 낸 상품이나 새로운 업종은 강한 경쟁 상대가 없기 때문에 승리하기가 쉽다. 요컨대 싸우지 않고 이길 수 있는 것이다. 그러나 신상품은 보급률이 제로인 만큼 새로 출시되는 상품에 대한 지식을 이용자는 전혀 가지고 있지 않다. 따라서 장기간에 걸친 상품에 대한 설명과 홍보를 통해 이용자들로부터 신용을 얻어야 한다. 급성장 회사들을 보면 대부분 신제품 개발을 통해 신장되고 있는 경우가 많다.

(3) 중점주의로 No.1 만들기를 지향하라

회사가 가진 ① 수중에 있는 자금과 조달력, ② 영업 활동력, ③ 상품력, 또는 상품 개발력, ④ 인재 및 기술력, ⑤ 전투시간량 등의 경영 자원은 회사가 지닌 무기이며 공격력이기도 하다. 한계가 있는 힘을 무턱대고 널리 펼치고 분산시켜서는 승산이 없다. 팔방미인주의는 어리석기 짝이 없는 전략이다.

중점주의란 강점에 힘을 집중하여 보다 더 강하게 만드는 전략이다. 목표점에 한정하여 중점주의를 실행한다면 강자와 맞먹든가 강자 이상이 되는 "경쟁 장면"을 만들어 낼 수 있다. 그리고 그 분야에서 No.1을 확보하면, 다른 분야에도 플러스 효과가 나타나서 이길 수 있는 기회가 찾아온다.

약자는 힘의 분산을 피해야 한다. 중점주의로 어떻게 집중하느냐가 경영의 핵심 포인트이다.

(4) 영업활동은 국지전으로 하라

국지전이란 "영업지역의 중점주의"이다. 어떤 지역을 국지전을 위해 택하면 좋은가? 거기에는 두 가지 조건이 있다.

하나는 자회사에서 가까운 곳이어야 한다. 회사로부터 먼 지역일수록 이동시간이 많이 걸리게 되어 로스가 증대한다. 활동지역을 넓히면 경쟁 상대도 증가하게 된다. 그만큼 영업력은 "상대적으로 저하"된다. 따라서 회사에서 가까운 곳에서부터 영업력을 강화시켜 점차 확장해 나가는 것이 최선의 방법이다.

또 하나는 경쟁 상대가 적은 지역이다. 회사와는 약간 멀지만 라이벌이 약해서 일하기가 쉽다. 또한 과거의 역사적인 사정으로 인하여 회사와 궁합이 잘 맞아서 영업을 하기 쉬운 지역도 중점 지역으로 삼아야 한다.

(5) 전투시간을 길게 하고 차별화 하라

병력수가 압도적으로 많은 강자와 병력수가 적은 약자가 전투를 벌인다면, 전투시간이 길어지는 것만큼 약자의 손실분이 증대하고, 마침내는 전멸해 버린다. 조건이 불리하면 싸움을 빨리 끝내는 쪽이 손해가 적다. 이것이 싸움의 룰이다.

그러나 경영의 룰과 다른 경우도 있다. 그 중 하나가 전투시간의 문제다. 경영에서는 라이벌 회사와 직접 전투를 벌이거나 주먹질을 하는 것이 아니다. 시장에서 소비자들에게 상품을 얼마나 판매했느냐의 싸움인 것이다. 영업의 경쟁은 시장의 상품 이용자를 매체로 한 "간접 공격형"에 지나지 않는다. 그렇기 때문에 공격력이 낮은 약자라도 노동시간을 늘림으로써 승기를 잡을 수 있다.

편의점의 24시간 영업이 바로 이것에 해당된다. 대형 슈퍼마켓라는 초대형 강자가 있음에도 불구하고 편의점이 성공한 원인은 전투시간에서 이길 찬스를 잡았기 때문이다. 슈퍼마켓이 문을 닫고 나면 강자의 "전투 능력은 제로"가 된다. 이때 약자인 편의점은 무 경쟁의 시간대에 홀로 장사를 할 수 있는 것이다. 즉, "장시간 노동"이 승리 요인이 된 것이다.

새벽의 식품 시장이나 밤의 포장마차는 모두 시간의 차별화로 선전하고 있는 것이다. 강자나 약자 모두 24시간을 갖고 있다. 시간의 차별화는 극히 전략적인 발상이다.

(6) 접근전으로 이용자에게 최대한 가까이 가라

영업상의 대상물이란 "시장"이고, "지갑을 가진 사람"이며 "금고의 열쇠를 가진 사람"이기도 하다. 고객이 지금 무엇을 생각하고, 무엇을 갖고 싶어 하는가는 멀리 떨어져 있으면 잘 알 수가 없지만, 가까이 다가가면 고객의 움직임을 보고 느낄 수가 있다.

화장품 업계의 시장은 한정되어 있음에도 불구하고, 초기에 방문판매라는 접근 방법을 취하여 급성장한 화장품 메이커의 경우가 바로 고객과의 접근전, 접촉전에 성공한 경우이다. 약자는 대상물과의 거리를 최대한 좁히도록 경영 형태를 바꿀 필요가 있다.

(7) 경장비(輕裝備)의 철학을 가져라

약자는 움직임이 빠르지 않으면 안 된다. 움직이기 쉽도록 하는 것은 "경장비"를 항상 염두에 두는 것을 의미한다. 재무상으로는 자금의 고정화를 피해야 한다. 즉, 돈이 고정자산에 묶이게 되는 사업에는 손을 대지 말아야 한다.

자기자본 비율이 낮은 회사가 자사 빌딩을 세우게 되면, 얼마 가지 않아서 경영이 삐걱거리게 된다. "자사 빌딩은 3년이 위기다"라고 할 정도로 3년째에 회사가 위태로워지는 것이다. 겉보기에 멋진 대부분의 빌딩은 차입금으로 지어진 것이다. 그래서 "차입금 콘크리트"라고도 부른다. 호텔, 골프장, 레저센터 등도 투자한 자본에 비해 매상이 적다. 약자는 이러한 "총자본 회전이 좋지 않은 업종"에는 손을 대지 말아야 한다.

(8) 선제공격으로 곧바로 실행하라

군대는 클수록 이동과 움직임에 시간이 많이 소요된다. 이를 이용해 작은 군대에서는 대군의 공격 준비가 갖춰지기 전에 먼저 공격을 가하는 것이 좋다. 이것이 선제공격이다.

경영에서의 선제공격은 먼저 손을 쓰는 것을 의미한다. 강자가 나타나거나 신규 참가자가 지나치게 많아지게 되면 잽싸게 발을 뺀다. 그러기 위해서라도 경장비의 조직 풍토는 필수적이다. 타인의 성공을 곁눈질로 훔쳐보고, 뒤늦게 흉내를 내는 뒷북치기 경영자는 이익을 남기는 경영을 할 수 없다. 좋다고 생각하면 즉각 실행해 본다. 그리고 좋지 않으면 재빨리 발을 빼면 그만이다.

이와 같은 "실험적인 경영"을 되풀이해 가면서 좋은 상품의 육성과 승리의 노하우를 터득해 가는 것이 약자의 전략이다. 선제공격의 다음 문제는 빠른 납기이다. 대기업이 3일 걸리는 것을 2일 만에, 혹은 하루 만에 납품한다면 고객으로부터 환영을 받게 된다. 빠른 서비스, 빠른 납품, 이것이 강자에게 승리하기 위한 결정적인 방법이다.

(9) 은밀하게 행동하고, 표면에 드러내지 마라

게릴라 활동의 특색은 은밀성, 즉 자신의 존재를 나타내지 않는 데 있다. 약자도 게릴라처럼 스스로의 경영 방침과 방식이 강자에게 알려지지 않도록 해야 한다. 강자는 돈을 버는 방법, 이익이 많이 나는 상품이 개발되었다는 얘기를 들으면 즉각 "흉내"를 낸다. 인적 자원, 자금력, 기술력을 이용하여 단기간에 끼어들어서 가로채기를 해 버린다. 뒤늦게 "그 상품은 우리가 원조다!"하고 외쳐 보았자 이미 버스는 떠나 버렸다.

약자는 체제가 갖춰지고 체질이 강해질 때까지는 절대로 표면에 나서서는 안 된다. 특히 "신상품"을 개발하게 되면, 상품의 유통 경로가 확립될 때까지는 강자에게 알려지지 않도록 은밀하게 행동을 취할 필요가 있다.

이상이 약자가 지켜야 할 9가지 요점이다. 강자의 전략과 달라서 분명히 모양새는 좋지 않다. 이것이 약자의 전략 개념이다. 이것을 모든 경영 분야에 접목해서 실행해 나간다면 강한 경쟁 체질을 가진 회사로 살아남을 수 있을 것이다.

03 초심의 전략, 원점의 전략

최고에 도달하려면 최저에서 시작하라. – P.시르스 –

　약자의 전략은 초심의 전략이며 원점의 경영이기도 하다. 종전 후 아무것도 없던 시대에 사업을 시작한 경영자는 무의식중에 약자의 전략을 실천하고 있다.

　이것도 저것도 할 수가 없으니까 중점주의로 한 가지 일에 집중했다. 트럭이나 승용차는 구할 수가 없으니까 국지전으로 가까운 곳에서부터 고객을 만들 수밖에 없었다. 그리고 장시간 노동에 매달렸다. 또한 부지런하고 검소하고 절약하는 생활을 했다. 어쩔 수 없이 약자의 전략을 선택하게 된 것이다. 시대 배경이 그렇게 시킨 것이지만, 그 외에도 약자의 전략 법칙을 무의식중에 지키고 있는 사람들이 있었다. 가령, 외딴섬이나 산골짜기 출신의 경영자들이다.

　의지할 수 있는 인맥이나 배경이 없고 자금도 없다. 노래 문구처럼, 이것도 없고 저것도 없고, 아무것도 가진 게 없는 것이다. 이러한 최악의 조건에서 사업을 시작한 경영자는 약자의 전략에 철저해 지지 않으면 살아 나갈 수가 없다. 그래서 시간과 노동이 많이 필요하거나 남들이 하기 싫어하는 일을 사업으로 시작하는 경우가 적지 않다.

전쟁 귀환자들도 약자의 전략을 철저히 지켰다. 중병에 걸려서 죽을 고비를 넘긴 사람들이나 극도의 가난을 경험한 사람들 중에도 약자의 전략을 실천하는 사람이 많다. 이들은 공통적으로 "무"의 상태에서 출발할 수밖에 없는 상황에 놓여 있었다. 어떻게 보면 "무"야말로 약자의 전략 정신이라고 할 수 있다.

그러나 이들의 약자의 전략은 역사적인 요인이나 외부의 환경으로부터 나왔다. 이런 환경을 지금의 시대에 바라는 것은 사실상 불가능한 일이다. 그래서 이런 외부적 환경과 상관없이 누구나 다 응용해서 성공할 수 있는 보편적인 룰이 필요한데, 란체스트 법칙은 여기에 딱 들어맞는다.

● 화교와 유태인

화교란 외국에 나가서 사업을 하고 있는 중국인을 말한다. 화교는 낯선 외국에 나가서도 성공하는 확률이 높다.

그것은 약자의 전략이 생활의 지혜로 다시 태어났기 때문
이다. 화교는 우선 강자가 점유하고 있는 업종에는 손을
내밀지 않는다. 중화요리는 강자가 손을 뻗치지 않는 업종
이다. 경장비로 시작하고, 장시간 노동으로 시간적 차별화
를 철저히 실행해 나간다. 그래서 하루 14시간이나 15시
간의 노동을 당연하게 생각하고, 이를 통해 자금을 축적하
여 서서히 사업을 확장해 나간다.

　유태인도 화교와 아주 비슷하다. 유태인은 철저하게 자
신들의 전략 원칙을 지키는 편에 속한다. 가령, 외국에 가
서 성공하더라도 부동산은 소유하지 않는다. 왜냐하면 부
동산은 그 고장 사람들에게 원망을 살 수 있는 요인이 되
기 때문이다. 또, 설비를 필요로 하는 공장 같은, 중장비
형 경영도 하지 않는다. 주로 눈에 보이지 않는 방식을 선
택해서 사업화해 나간다. 금융업이나 귀금속 등이 그 좋은
예이다.

　화교와 유태인은 약자의 전략을 지키고 실천할 뿐만 아
니라, 이것을 "종교화"하는 특징이 있다. 사업에서 성공하
면, 성공의 요인을 정리하여 룰화해서 글로 남겨 자녀에게
는 이것을 매일 읽게 하고 지키게 한다. 이렇게 해서 아버
지의 생각이 자식에게 전해지고, 다시 손자에게 전해지는

것이다. 유태인은 어떤 것 하나를 법칙이라고 믿으면 하늘이 무너지더라도 그것을 고집스럽게 지키려고 한다. 그것이 온갖 박해 속에서도 유태인이 수천 년이나 살아남을 수 있었던 원동력인 것 같다.

일본인에게는 이것이 없다. 부동산도 많이 남기고 훌륭한 사업도 남기고 있지만 룰은 남기지 않는다. 가훈도 이제는 휴지 조각이나 마찬가지다. "선대의 경영 전략 철학"이 룰로 전해지고 있지 않은 것이다. 사업의 영속성을 생각한다면, 우선 약자의 전략을 전달하는 것이 중요하다.

● 약자의 전략을 잊은 미국의 경영자

미국은 강자의 나라이다. 제1차 대전(1914년 7월)이 시작되기 20년쯤 전부터 세계 경제는 미국이 주도하고 있었다. 유럽의 강국과 비교하면 질적으로 떨어지는 것처럼 보여도 양적으로는 이미 강자의 지위에 있었다. 그리고 제2차 세계대전에 의해서 질적으로나 양적으로나 명실상부한 강자의 나라가 되었다.

1945년부터 1950년까지의 혼란기에, 미국의 GNP 점유율은 자유주의 경제권의 60% 이상이었다. 그 뒤, 전쟁에서 피해를 입은 각국의 공장들이 1955년경에는 재건이 활발해지긴 했으나 그래도 미국의 점유율은 40%를 웃도는 강자의 지위에 있었다.

그 후 베트남 전쟁과 일본이나 독일의 추격으로 인해서 미국의 점유율은 저하되었다. 1969년, "달러 쇼크"가 일어났을 때의 미국은 25% 전후의 점유율로 떨어져 있었다. 그것은 강자로 행세할 수 있는 최저선이었다.

1970년에, 미국은 자유주의 경제권에서 GNP의 점유율이 25% 아래를 오락가락하였고, 1985년에는 20% 밑으로 떨어졌다. 약자로 전락해 버린 것이다.

한편, 일본은 패전 당시 제로나 마찬가지였던 GNP를 40년도 채 안 되는 사이에 자유세계 GNP의 10%를 상회할 정도로까지 발전시켰다. 이것은 달러화의 가치 하락이 근본 원인이었다. 어쨌든 간에 미국은 자유시장 경제권에서 65년간 약 2~3대에 걸쳐 강자의 지위에 있었던 것이다. 다시 말하면, 2대~3대에 걸쳐 강자의 전략 하나로 밀어 붙였던 것이 미국의 경제계이다. 65년이라는 오랜 세월 동안, 양반 장사를 하면서 고급 포도주에 두꺼운 비프 스테이크를 먹고 있었다. 그러는 사이에 미국은 약자의 전략을 잊어버리고 있었다.

　미국의 GNP 점유율이 20%를 밑돌기는 했지만 무기 생산이나 항공기나 우주 산업, 컴퓨터 분야에서는 여전히 강자이다. 반면에, 대중 전기제품이나 소형 가전기기 분야, 일용품이나 잡화품 등에서는 완전히 약자의 위치에 있게 된 것이다.

　예나 지금이나 가장 다루기 힘든 부류가 "옛날에는 강자, 현재는 약자"인 인간들이다. 무턱대고 프라이드만 높다. 근본 원인은 생각하지도 않고 남의 의견도 듣지 않는다. 사업상의 노력은 하지 않고 피해 의식만 강하다. 미국은 군사적으로는 강자인 것이 틀림없지만 경제는 약자의 전략을 기본으로 삼아야 한다. 그 점을 잘 이해하지 못하는 것 같다.

　다른 자유시장 국가에 정치적인 압력을 가하기 시작한 것이 그 증거라고 할 수 있다. 사업가가 군사력과 정치적인 힘을 배경으로 교섭을 하게 되면 이미 끝장난 것이나 다름없다.

　미국은 우리에게 영원한 강자란 없다는 것을 일깨워 주었다. 일본도 석유 부족이나 식량 부족 등에 의해 언제 위기가 닥쳐올지 알 수 없다. 그러나 더 큰 위기는 경영자나 비즈니스맨이 약자의 전략을 잊어버렸을 때 닥쳐올 것이다.

약자의 전략을 지켜야 하는 경우

어떤 조건일 때 약자의 전략을 지켜야 하는지, 사례별로 살펴보자.

(1) 신규 독립

신규 독립의 경우, 영업상 과거의 축적된 역량이 아무것도 없다. 그리고 벌어둔 재산도 전혀 없다. 요컨대, 기업 간 경쟁에 있어 무기에 해당하는 경영 자원이 "전무"한 셈이다. 이러한 불리한 조건 속에서 경쟁에 끼어들려면 약자의 전략을 철저히 지키지 않으면 승산이 없다.

(2) 신규 지점

옛날부터 점포를 갖고 있으면서 새로 점포를 내는 경우다. 이전의 점포에는 그 나름대로의 고정 고객을 갖고 있다. 그러나 신규 지점은 전혀 조건이 다르다. 회사 전체로는 강자에 가까운 시장 점유율을 갖고 있더라도, 신규 지점의 점포는 약자이다. 생각의 전환이 필요하다. 신규 지점을 성공시킨 실적을 가진 사람은 약자의 전략을 몸에 익힌 전략가라고 할 수 있다.

(3) 신제품 발매

지금까지 없었던 전혀 새로운 신제품을 세상에 내놓을 경우에도 약자의 전략이 필요하다. 기존 상품과 같은 방식을 사용한다면 신제품의 성공 확률은 희박하다고 봐야 한다.

(4) 신규 분야로의 다각화 사업

경영을 다각화하게 되면, 다각화된 부문에는 철저한 약자의 전략이 필요하다. 회사의 역사가 오래 되었으면 강자가 아닌 데도 강자라고 멋대로 믿어 버리는 사람들이 있다. 설사 강자라고 하더라고 다각화된 부문은 철저한 약자의 전략을 지키지 않으면 성공하지 못한다. 이것을 지금까지와 같은 방식으로 경영해 나가면 실패한다.

(5) 자회사도 약자다

자회사를 만들 경우에도 약자의 전략으로 나가지 않으면 안 된다. 자회사는 약자이다. 따라서 모회사와 같은 방식은 통하지 않는다. 자회사를 궤도에 올려놓기 위해서는 절대 사무실을 같이 사용하면 안 된다. 임대료를 지불하더라도 본사로부터 떼어 놓는 것이 좋다. 그것도 1킬로미터 이상 떨어져 있는 것이 좋다. 모회사와 자회사가 건물에 있으면 경영상의 혼란을 일으킬 소지가 크다. 이처럼 전략 발상의 전환에는 환경도 작용한다.

(6) 업적 부진

매상이 3분기 동안 연속 하락하면 도산률이 높아진다. 매상이 떨어지고 적자가 나게 되면, 경영자는 심각한 얼굴로 경영의 위기를 사내에 호소하고 처음으로 돌아가자고 이야기한다. 그러나 원점으로 되돌아가서 재기(再起)하려면 어떻게 해야 하는가를 구체적으로 명시하지 않으면 절대 행동으로 이어지지 않는다.

약자의 전략 개념 9가지 원칙을 다시 연구하고, 그 하나하나를 사내에서 실천해 나가야만 재기가 가능해진다.

눈에 보이는 것 같은 설명 능력

연초의 시무식이나 창립 기념일에는 많은 경영자가 원점으로 돌아가자고 입이 닳도록 말한다. 창업 정신으로 돌아가자고 훈시를 하는 것이 보통이다.

1945년 8월에 전쟁이 끝났을 때 사람들은 대부분 전쟁

전후의 고생담을 자주 자랑스럽게 이야기한다. 그러나 자신의 체험을 바탕으로 한 원점 출발은 누구에게나 통용되는 것이 아니다. 전후 세대에게 옛날의 고생담은 일반성이 없다. 감성적인 넋두리에 불과할 뿐이다. 특히 먹을 것에 대한 걱정이 없는 물질적인 풍요 속에서 태어난 사람들에게 전쟁 전후의 원점으로 돌아가자는 전략을 이해시키기란 사실상 불가능하다. 이들에게는 약자의 전략 룰을 하나하나 설명하면서 이해시켜 나가는 수밖에 없다. 눈에 보이는 것처럼 설명하고 표현하지 않으면 약자의 전략이 습관처럼 몸에 배이기란 불가능하다.

젊은 세대가 많아졌기 때문에 눈에 보이는 것처럼 설명하는 능력이 보다 중요하게 되었다.

04 강자와 약자의 구분

가장 높은 곳에 올라가려면 가장 낮은 곳부터 시작하라.
– 푸블릴리우스 시루스 –

강자란?

그렇다면 강자와 약자는 어떤 기준으로 구분하는가? 공격적인 경영을 하고 있으면 강자이고, 소극적인 경영을 하고 있으면 약자가 되는 것이 아니다. 강자와 약자는 "시장 점유율"로 구분한다. 기업간 경쟁에서는 시장 점유율이 "힘의 비율"을 나타낸다. 시장 점유율은 "시장 지배력"이기도 하다.

시장 점유율의 계산 방법은 자사가 영업활동을 하고 있는 "지역 내"의 "업계 매상의 총액"을 분모로 삼는다. 즉, 자사가 활동하고 있는 지역 내에서, 유사 상품을 팔고 있는 동종 회사의 매상고의 총합계이다. 경쟁 상대의 본사는 먼 곳에 있더라도, 자사의 활동 상권 내에 영업소나 지점이 있으면 그 매상도 합친다(표 6).

그리고 자사의 매상고를 분자로 놓고 나눈다. 그것이 "활동지역 내"에서의 시장 점유율이 된다. 전국적으로 영업소나 지점을 갖고 있다면 분모가 되는 숫자는 전국의 동종 업계의 매상 총액이 된다.

[표6]

$$시장\ 점유율 = \frac{자사\ 매상고}{자사\ 활동지역\ 내에서\ 자사\ 업계의\ 총\ 매상고}$$

어떤 사람은 영업소를 각 지역에 갖고 있음에도 불구하고, 본사가 위치한 지역에 있는 동종 업계의 매상 총액만으로 시장 점유율을 계산하기도 한다. 이것은 외견상 점유율은 높아지지만 진짜 시장 점유율은 아니다. 즉, 활동영역을 넓히면 시장 지배력은 "상대적"으로 저하된다. 계획 없이 먼 곳에 영업소를 내면 회사의 힘은 오히려 상대적으로 약해진다.

영업소나 지점을 각 지역에 갖고 있는 회사는 표면상 좋은 회사처럼 보이지만, 내용을 보지 않고서는 우량 회사라고 속단할 수 없다. 반대로 활동지역을 좁혀 영업력을 집중 투입하는 쪽이 높은 시장 점유율을 차지할 수 있다.

영업 체질의 좋고 나쁨은 연간 매상고의 규모보다는 시

장 점유율의 높고 낮음에 달려 있다. 연간 매상고의 크고 작음만으로는 경영의 내용, 즉 우량 기업과 불량 기업을 판단할 수 없다.

예를 들어 이런 경우를 생각해 보면 알 수가 있다.

본사를 후쿠오카 시에 두고 있는 A사는 영업소를 규슈 지역 내의 각 현과 히로시마 현, 야마구치 현에 갖고 있다. 각 현들의 시장 점유율은 평균 15% 정도이고, 연간 매상고는 100억 엔이다. 그런데 같은 후쿠오카 시에 B사는 연간 매상고는 50억 엔이지만, 활동영역은 후쿠오카 현 내로 한정하고, 현 안에 여러 개의 영업소를 두고 있어서 시장 점유율은 25%나 된다. 매상 숫자만 보면 연간 매상고가 100억 엔인 A사 쪽이 2배나 매상을 올리고 있으므로 우량 회사처럼 보인다. 그러나 시장 점유율에서는 그 반대이다. 50억 엔의 B사가 강한 체질을 지닌 회사라고 할 수 있다. 경영 기술이 비슷하다면, A사보다 B사가 수익률이 높다.

연간 매상고가 매우 중요한 경영 자료이기는 하지만 그것은 그 자체가 경영의 질을 나타내는 것은 아니다. 시장 점유율과 병행되었을 때 비로소 참다운 의미를 갖게 된다. 전략적인 경영이 이루어지지 않고 있는 회사는 경영 내용과 시장 점유율의 상관관계를 인식하기 어렵다거나 시장 점유율을 측정하기 어렵다, 시장 점유율은 시간이 오래 걸린다는 등의 이유로 거의 무시하고 있다.

시장 점유율은 동종 회사와의 상대적인 힘의 비교이다. 상대적인 전력의 비교야말로 작전에서 빼놓을 수 없는 정보임을 명심해야 한다.

강자와 약자의 순위 매김

그렇다면 시장을 얼마만큼 점유했을 때 강자로서의 지위를 확보할 수 있는가? 또는 어떤 때에 약자가 되는가?

① 절대 독점자 = 74% 이상(100%나 마찬가지).

② 준절대 독점자 = 56~73%. 또한 2위와의 비율이 1대 0.6 이상 벌어진 경우.

③ 상대적 독점자 = 42~55%. 또한 2위와의 비율이 1대 0.6 이상 벌어진 경우.

이상의 조건이 채워져 있으면 강자 중의 강자가 된다.

④ 강자 (준상대 독점자) = 31~41%. 자사가 1위이고 또한 2위와의 비율이 1대 0.6 이상 벌어진 경우.

⑤ 준강자 = 26~30%. 자사가 1위이고 또한 2위와의 비율이 1대

0.6 이상 벌어진 경우.

⑥ 중위자 = 19~25%. 자사가 1위이고 또한 2위와의 비율이 1대
0.6 이상 벌어진 경우.

이 지위에서는 매상고가 1위라 하더라도 시장 지배력이
아직 안정되어 있지 않으므로, 약자의 전략을 펼칠 필요가
있다. 이상의 조건을 채우면 업계의 리더가 될 수 있으며,
충분한 경쟁력을 발휘할 수 있다. 그 이하라면 1위라고 하
더라도 시장 지배력은 약자의 지위에 있게 된다.

⑦ 약자 A = 11~18%

⑧ 약자 B = 7~10%

⑨ 약자 C = 3~6%

⑩ 번외 약자 = 3% 이하

이상은 고 다오카 노부오 씨가 발표한 강자와 약자의 구
분이다. 절대 독점이라는 것이 시장 점유율 100% 장악을
의미하지는 않는다. 74% 이상이면 100%나 마찬가지다.

같은 업종의 여러 회사가 경합을 벌이고 있는 상태에서
"실질적 독점자"가 될 수 있는 것은 42%의 시장 점유율을
차지했을 때이다. 다만 하위 업체의 경쟁 상대와 "1 대 0.6"
이상의 차이가 벌어져야 한다는 조건만 전제되면 된다.

어떤 지역에서 시장 점유율 42%를 차지하고 있는 1위 기업의 연간 매상고가 100억 엔이고, 2위 기업의 연간 매상고는 60억 엔이라고 가정하자. 이렇게 되면, 전체를 100이라고 하면, 100 빼기 42는 58이 된다. 58%의 시장을 많은 회사들이 서로 나누어 가지기 때문에, 어지간히 싸워서는 2위의 시장 점유율을 지키기 어렵다.

그렇다면 1위와 2위, 2위와 3위, 3위와 4위가 각각 바로 위에 회사와 0.6씩의 차이가 나는 경우에는 어떻게 되는가? 1위를 100억 엔으로 계산해 보면 [표 7]처럼 된다.

[표 7] 약자의 전략 개념

	연간매상고	점유율
1위	100.0억 엔	42%
2위	60.0억 엔	25.2%
3위	36.0억 엔	15.1%
4위	21.6억 엔	9.0%
5위	13.0억 엔	5.4%
⋮	⋮	⋮
합계	244억 엔	100%

※ 각 회사는 사정거리 밖에 놓여 있으며 각 회사의 역전은 곤란하기 때문에 얼마 동안 순위의 변동은 없다.

약자와 강자는 시장 점유율과 "2위와의 차이"에 의해 구분되어 진다. 2위와의 차이는 사정거리에 해당된다. 즉, 1위와 2위가 뒤바뀌는 역전의 정도를 나타낸다.

05 70(양) vs 30(질)의 원칙

일을 몰고 가라. 그렇지 않으면 일이 너를 몰고 갈 것이다.
– 벤자민 프랭클린 –

또 하나의 란체스터 법칙

제1장에서 란체스터 법칙에 대해 간단하게 설명을 했다. 전투기 몇 기와 몇 기가 공중전을 벌였을 때 쌍방의 손실률은 어느 정도 나오는가를 수학적으로 계산하여 설명했다. 그러나 이것은 무기의 성능과 병사의 기량, 즉 "질(質)"이 똑같다는 가정 하에 계산한 것이다. 그러나 자사의 "회사 내부"에서 경영 자원을 배분할 때에는 양의 분야와 질의 분야를 분류하여 파악해둘 필요가 있다. 란체스터 법칙으로 다시 돌아가 보자.

경영을 크게 2가지 요소로 나눌 수가 있다. 하나는 "돈을 버는 쪽"의 시장 활동, 즉 판매와 영업의 영역이다. 또 하나는 들어올 돈을 어떻게 절약하여 효과적으로 사용하는가, 그리고 다음의 영업활동을 위해 어떻게 대비하고 준비하는가 하는 "내부 활동과 관리"의 영역, 즉 경리와 조직의 영역이다.

회사의 파워를 영업활동에 어느 정도 배분하고, 내부 업무에는 어느 정도 배분하는가? 그 힘을 어떻게 배분했을 때 성과가 최대로 나타나는가? 이 문제는 경영자에게 가장 관심 있는 문제이다. 이 해답에 단서를 제공해 주는 것이 바로 란체스터 전략이다.

제2차 세계대전 중에 미국은 대 일본 작전을 위한 예산의 효율적 배분에 대해 고심하고 있었다. 요컨대 일본에 최대의 타격을 주는 예산 편성을 하려고 했던 것이다. 잠수함대의 고위 장교는 "잠수함"을 많이 만들자고 말하고, 조종사 출신의 장군은 "전투기"를, 그리고 전함 사령관은 "전함"이야말로 주력 무기라고 주장했다. 그래서 이 문제의 해답을 얻기 위해서 대학의 수학자들을 동원하여 프로젝트 팀을 편성하였다. 프로젝트 팀은 경쟁의 법칙인 란체스터 법칙에 주목하여, 미 국무부의 요청에 방법을 제시하였는데, 이것이 바로 오퍼레이션즈 리서치(operations research = OR : 수학적, 과학적 분석법을 이용하여 경영 전략 등을 연구하는 일)의 시작이다.

전략 무기와 전술 무기

　프로젝트의 OR반은 무기의 종류를 "전략 무기"와 "전술 무기" 두 가지로 분류했다. 란체스터 자신은 제1차 세계대전이 한창일 때, 전략 폭격기의 필요성을 영국 정부에 제안했다. 란체스터는 이미 전략 공군의 생각을 갖고 있었던 것이다. 현재의 전략 무기는 핵미사일이지만, 제2차 대전 당시의 전략 무기는 항공기였다.

　프로젝트의 리더는 "전략 폭격"을 중시하고, 그 응용과 효과에 대해서 연구를 하기 시작했다. 전략 폭격이란 직접 적군에게 가하는 폭격과는 달리, 적국의 산업 파괴, 민심 교란, 교통 차단 등을 의도하는 폭격을 말한다. 전략 폭격은 직접 적군과 싸우는 것이 아니라 적국의 생산 능력을 파괴하는 것이다. 전쟁 수행 능력은 국내의 산업 생산 능력으로 결정된다. 적의 보급력을 파괴하면 전쟁을 수행할 능력이 없어진다. 가령, 적국에 대하여 전략 폭격을 감행하면,

　① 무기 공장의 건물이 파괴된다.

　② 무기 공장 내의 생산 기계나 장치 등의 설비를 사용할 수 없게 된다.

③ 공장 내에 놓아 둔 무기 생산용 "원료"는 잿더미로 변한다.

④ 만들고 있는 "반제품"의 무기를 완성할 수가 없다.

⑤ 전쟁에 사용될 무기의 "완성품"을 잿더미로 만든다.

⑥ "예비 병사"일 수도 있는 작업장의 남자 사원이 살상되므로 병력의 보급력이 약해진다.

⑦ 이상의 모든 것이 파괴되면, 무기의 보급력이 대폭적으로 저하된다. 식량과 총이 없으면 싸울 수가 없다.

⑧ 공장이 파괴당한 것을 본 국민들의 전투 의욕, 즉 사기가 저하된다.

이상과 같이, 전략 폭격은 일석이조 이상의 여러 가지 효과를 발휘한다. 그 결과, 적국의 전쟁 지속에 필요한 "보급력"을 크게 저하시킬 수가 있다. 이와 같이 "상승 효과", "2승"이 붙어 있다. 이 점이 큰 특징이다(표 8). 공격력에서 전략 폭격은 "양의 분야"에 해당된다. 그래서 일본에 대한 양적 공격을 행하는 전용기 제작의 필요성이 대두되었다. 항속 거리, 적재량, 탑승원의 안전 확보 등의 여러 가지 조건을 갖춘 전투기가 개발되었는데, 이것이 바로 "B29"이다. B29는 3톤이나 되는 폭탄을 싣고 대편대로 일본을 공격해 왔기 때문에 일본군은 손을 쓸 엄두조차 못 냈다.

[표 8] 란체스터 제2법칙

공격력 = 병력수^2× 무기 성능

↓

파 워 = 양의 분야^2× 질의 분야

대 일본 총예산 중 → 전략 무기에 3분의 2를 배분,
전술 무기에 3분의 1을 배분

일본에서는 이것을 미국의 "물량전(物量戰)"이라고 불렀다. 그러나 그것은 충동적으로 공격을 가하고 폭탄을 떨어뜨린 것이 아니다. 전략에 의해 계획적으로 "물량적" 공격을 해왔던 것이다.

이 전략 폭격을 위해 미국은 대 일본 예산의 "3분의 2"를 배분하기로 결정하고, 군사기지로 사이판, 괌, 그리고 테니안을 사용하기 위해 일본으로부터 이 지역을 빼앗았다. 그러나 일본군은 그것을 전혀 알아채지 못했다. 공훈을 세우려고 이 섬들을 탈취한 것으로만 생각했다. 유감스럽게도 당시의 일본에는 이러한 전략가가 없었다. 학력이나 인품, 강직한 인물을 중시하여 이들을 리더로 중심에 세웠다. 지금도 그러한 체질은 변하지 않았다.

한편, 미국은 예산의 "3분의 1"은 전술 무기에 배분했다. 전술이란 상대를 보면서 직접 적국을 공격해 가는 것

이다. 항공전에서는 전투기, 지상전에서는 보병이나 탱크 등이 이에 해당된다. 우선 전략 폭격으로 적국의 무기 생산 능력을 파괴하고 전쟁물품의 보급력과 전력을 저하시킨 다음에, 보병을 상륙시켜 수도를 점령하여 전쟁을 끝낸다는 미국의 전략과 전술이 맞아떨어진 것이다.

● 전략 무기와 전술 무기의 배분은?

미국은 대 일본 작전 예산의 3분의 2는 전략 폭격용으로, 3분의 1은 전술 공격용으로 배분하는 방침을 정했다. 그렇다면 그 근거는 무엇인가? 만약 예산을 전부 전술 무기에 쏟아 넣는다면, 전술력은 분명히 증가할 것이다. 일본군이 공격해 와도 언제나 격퇴시킬 수 있지만, 일본 본토의 "무기 생산 공장"은 무사하므로 여기서 무기를 다시 보급 받는 즉시 다시 쳐들어오게 된다.

그럴 경우 개개의 전투에는 이기더라도 전쟁에 이긴 것은 아니다. 그렇기 때문에 전략 무기가 없었던 시대에는 10년 전쟁이라든가 30년 전쟁과 같이 오랜 기간 동안 싸움을 계속했던 것이다. 예산을 100% 전부 전술 무기에만 투입한다면 전쟁은 끝날 수 없다. 그렇다면 전략 무기와 전술 무기에 대한 예산 할당은 어떻게 배분할 때 최고의 성과를 올릴 수 있는가?

가령, 예산의 최대치를 "10"이라고 한다면, "10" 전체를 전술 무기에 배분하고 전략 무기의 예산은 "0"으로 한다면, $[10 \times 0^2 = 0]$이 된다. 전술력은 강하지만 전략력이 제로인 군대가 편성된다. 이래서는 전쟁이 끝나지 않는다.

다음에는 전술 예산에 9를, 전략 예산에 1을 배분한다면, $[9 \times 1^2]$에서 성과는 "9"가 된다. 다음에는 전술 무기에 8을, 전략 무기에 2를 배분한다면, $[8 \times 2^2 = 32]$로 성과는 "32"가 된다. 이런 식으로 계산해 나가면, 어떤 배분을 할 때 성과가 최대치가 되는가를 알 수 있다(표 9 참조).

전략 무기에 3분의 2를, 전술 무기에 3분의 1을 돌렸을 때, 성과가 최대치로 된다. 다시 말하면, 그렇게 예산을 배분했을 때 일본에 최대의 타격을 줄 공격을 할 수 있는 것이다. 그래서 전략 폭격기 B29를 개발한 것이다. 즉흥적으로 만들어 낸 것이 아니다.

[표 9] [공격력 = 양의 분야²×질의 분야]의 계산식에서, 총 예산을 "10"이 라고 했을 때, 어떻게 배분하면 성과가 최고치가 되는가?

성 과	=	전략 무기²	×	전술 무기
0	=	0.0^2	×	10.0
9	=	1.0^2	×	9.0
32	=	2.0^2	×	8.0
63	=	3.0^2	×	7.0
80	=	3.5^2	×	6.5
96	=	4.0^2	×	6.0
111	=	4.5^2	×	5.5
125	=	5.0^2	×	5.0
136	=	5.5^2	×	4.5
144	=	6.0^2	×	4.0
147.8	=	6.5^2	×	3.5
☆148.2	=	6.7^2	×	3.3
147	=	7.0^2	×	3.0
141	=	7.5^2	×	2.5
128	=	8.0^2	×	2.0
108	=	8.5^2	×	1.5
81	=	9.0^2	×	1.0
45	=	9.5^2	×	0.5
0	=	10.0^2	×	0.0

※ 성과가 최대치로 되는 것은 양의 분 야가 1/3인 경우

[표 9]을 그래프화하면 [표 10]처럼 된다. 그래프의 가로 축은 "성과"를, 세로축은 예산의 "배분 내용"을 나타내고 있다. 산이 가장 높은 곳이 성과 최대점이다. 2/3와 1/3일 때, 정점에 도달한다. 2/3를 4사5입하면 "7 대 3"이 된다. 양의 영역에 "7", 질의 영역에 "3"을 배분하면, 성과가 최 대로 된다. 이것은 란체스터 법칙의 핵심 요소 중 하나이다.

[표 10]

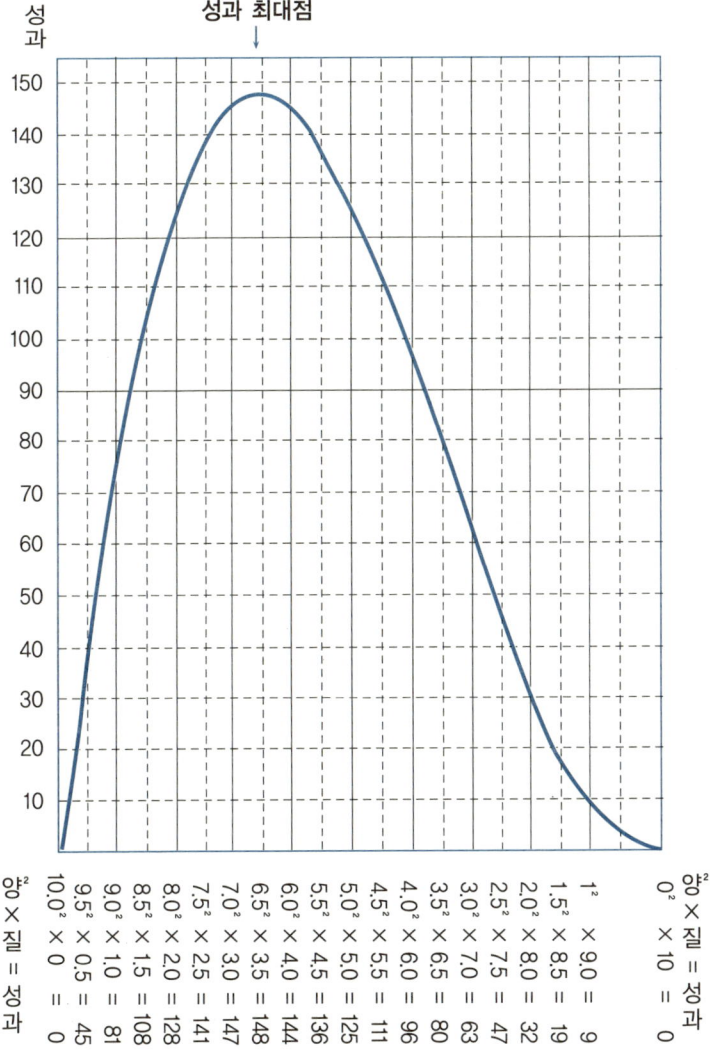

성과 최대점 ↓

성과

150
140
130
120
110
100
90
80
70
60
50
40
30
20
10

양² × 질 = 성과
0² × 10 = 0

1² × 9.0 = 9
1.5² × 8.5 = 19
2.0² × 8.0 = 32
2.5² × 7.5 = 47
3.0² × 7.0 = 63
3.5² × 6.5 = 80
4.0² × 6.0 = 96
4.5² × 5.5 = 111
5.0² × 5.0 = 125
5.5² × 4.5 = 136
6.0² × 4.0 = 144
6.5² × 3.5 = 148
7.0² × 3.0 = 147
7.5² × 2.5 = 141
8.0² × 2.0 = 128
8.5² × 1.5 = 108
9.0² × 1.0 = 81
9.5² × 0.5 = 45
10.0² × 0 = 0

양² × 질 = 성과

경영에서 양이란 "돈을 벌어들이는 영업활동"이고, 질
이란 "내부 활동과 관리"이다. 그러므로 회사의 힘은 영업
력 70%와 관리 30%로 결정된다. 사원들이 모두 경리나
총무 뿐이고, 영업사원이 한 명도 없는 회사는 도산한다.
그 반대도 역시 안 된다. 영업에 70%, 관리직 등 내근직
에 30%의 인원을 배치하면 효과가 최대치로 된다. [표 10]
의 산의 정점에서 오른쪽으로 가면 성과가 점점 작아진다.
관리 과잉이 초래된다. 그래서 지나치게 생각을 많이 하면
실행력이 부족하다. 정점에서 왼쪽으로 가면 갑자기 성과
가 저하된다. 이유는 실행력이 지나치게 많아 관리가 부족
하기 때문이다.

성과가 오르지 않는 경우 경영 활동 전반에 걸쳐 양과
질의 배분이 70% 대 30%로 되어 있는지 비교해 보면 그
원인을 쉽게 알 수 있을 것이다.

제Ⅱ부에서는 란체스터 법칙을 경영에 실제로 응용하기
쉽도록 15가지 원칙으로 나누어서 설명을 하겠다.

02

제2부

No.1을 만드는 15가지 원칙

약자는 자신의 일에 정열을 가지고, 열의로 가득찬 행동을 한다

성공의 비결은 목적을 향해 시종일관하는 것이다. – 디즈레일리 –

● 무기력해지기 쉬운 경제 환경

요즘은 불경기에 대한 이야기가 일상화되어서 무기력해지기 쉽다. 신문기사나 텔레비전 뉴스는 거의 대부분이 실업자니 무역 적자니 내수경기 침체니 하며 비관적인 정보로 채워져 있다. 이러한 비관적인 정보의 홍수 속에서 생활하다 보면 누구나 그 정보가 자신과 직접적인 관계가 없더라도 무기력해지는 계기가 되고 우울해져 버린다.

우리 신체는 일정한 리듬의 주기를 가지고 있다. 몸이 가볍고 기분이 상쾌할 때가 있는가 하면, 기분이 착 가라앉을 때도 있다. 기분이 좋으면 몸도 가볍고 행동적으로 된다. 사람은 모두 이와 같은 주기성을 갖고 있다. 이것을 "바이오리듬(biorhythm)"이라고 하는데, 보통 3개월의 주기를 가지고 있다.

바이오리듬이 상승하기 시작하고 컨디션이 좋아지려고 할 때, 정 떨어지는 소리를 듣게 되면 기분이 우울해지고 다시금 무기력해져 버리는 경우도 있다. 사업상 일이 잘 풀리지 않거나 클레임이 몇 건씩이나 계속해서 들어오면 페이스가 흐트러진다.

가정생활도 하나의 요인이 될 수 있다. 가족 가운데 환자가 생기거나 근심거리가 늘어나면 무기력에 빠지고 소극적으로 되어 버린다. 이상하게도 무기력해지면 본업에 정신을 집중하기가 어려워지고, 실적이 저하되어 간다. 또, 웬일인지 사업 이외의 일에 흥미와 관심이 쏠리고, 다른 사람이 하는 장사나 다른 상품이 더 좋아 보인다. 그런 경영자는 100% 실패한다. 절대 과장이 아니다.

사업에 대한 관심이 없어졌기 때문에 매상이 오르지 않게 되었든지, 매상이 오르지 않기 때문에 관심이 다른 곳으로 옮겨 갔든지, 양쪽이 모두 작용했든지 간에 결국에는 악순환을 되풀이하다가 무기력해지게 된다. 중소기업 경영자의 무기력은 회사의 활력을 상실하게 만든다. 그렇지 않아도 약한 경영인데, 경영자나 간부가 무기력해지면 회사는 더욱 더 약해진다.

● 열의와 기력을 유지하기 위하여 적당한 자극제를 만들어라

무기력해지는 것은 피할 수 없다 하더라도 빨리 원기를 회복하면 된다. 그러기 위해서는 "자극제"가 필요하다. 주변에 자극제를 마련해 놓으면 기분이 우울해져도 빨리 원상 회복이 가능하다. 열의를 유지하기 위한 자극제를 마련하려면 선행 투자가 필요하다. 선행 투자의 비율은 3%가 기준이다. 다시 말하면, 총 활동시간 중 3%를 원기 회복 시간으로 선행 투자를 하여 열의를 불러일으키면 된다.

그렇다면 어느 정도의 시간이 될까? 1년 간 일하는 시간을 1,800~2,000시간이라고 가정하고 계산해 보기로 하자(표 11).

[표11] 1개월 기준 선행 투자 시간

$$\frac{1,800시간 \times 0.03\%}{12개월} = 4\ 시간\ 30분$$

$$\frac{2,000시간 \times 0.03\%}{12개월} = 5\ 시간$$

1개월을 기준으로 계산하면 4시간 30분에서 5시간이 된다. 다시 말하면, 1개월 중 반나절이나 하루 정도가 열의를 위하여 투자하는 시간양이 된다. 이 시간을 선행 투자해도 결코 손해를 보지 않는다.

70

열의가 생기는 세미나에 참석해서 기분을 새롭게 하는 것도 "자극제"의 일종이다. 월 투자 시간이 4시간에서 5시간이라면, 한 달에 한두 번은 세미나에 참석할 수가 있다. 모든 강의가 자신에게 맞지는 않겠지만 듣다보면 자신에게 필요한 강의를 들을 수도 있다. 마음에 드는 강의는 녹음해 두었다가 몇 번씩 되풀이해서 들으면 열의 회복에 도움이 된다. 그러나 이런 것으로는 열의가 오래 지속되기 힘들다. 기껏해야 15일 정도일 것이다. 뭔가 다른 자극제를 준비해야 한다. 가령, 적극성을 가진 경영자나 비즈니스맨과 친목을 가지는 것도 "자극제"의 일종이다. 그러나 어두운 성격을 가진 사람들과는 만나지 않는 것이 좋다. 30분밖에 얘기를 나누지 않았는데도, 그 뒤 3일 동안 기분이 우울했다고 한탄하는 사람이 있었는데, 그런 종류의 사람을 "정신성 악성 전염병 보균자"라고 한다. 그 사람 앞을 지나가야 할 때에는 길을 돌아서 가더라도 피해갈 것을 권한다.

무기력해지더라도 빨리 원상으로 돌아갈 수 있느냐 없느냐는 자극제를 자신의 스케줄 속에 포함하고 있느냐 있지 않느냐에 달려 있다. 이것이 열의를 가지느냐 무기력해지느냐의 관건이다. 아침 일찍 일어나는 것이나 세미나에 참석하는 것 등은 스스로 움직이지 않으면 다른 사람이 해주지 않는다.

"지옥 훈련"이라는 세미나가 있는데, 이것은 집단의 행동 훈련, 혹은 집단의 강제 훈련이다. 뭔가 행동을 취할 계기를 잡고 싶은 사람에게는 그 나름대로 도움이 된다. 그러나 마음가짐은 한 번 체험한다고 해서 영원히 지속되는 것이 아니다. 열의와 기억이 결정적으로 다른 점이 바로 그 지속성에 있다. 성공자는 열의를 계속 지속해 나가기 위한 "자극제 마련"이 능숙한 사람이기도 하다.

[표 12]

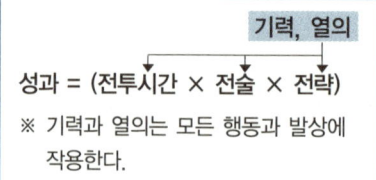

"자극제를 마련하는 것" 이야말로 예상치 못한 결과의 차이를 만들어 내게 된다(표 12).

행동이 열의를 만들어 낸다

열의는 정신 작용의 하나이다. 의욕을 가지고 일을 하면 의욕 없이 일하는 것과 하늘과 땅 차이가 난다. 열의는 행동을 촉구한다. 그러나 그 반대의 경우도 성립된다. 처음에는 의욕이 없어서 마지못해 행동을 한 뒤에 나중에 열의가 생기는 경우도 있다. 요컨대, "행동이 열의를 낳는 것"이다. 정신적으로 열의가 생겨나도록 기다리고 있다가는 실적 향상은 요원한 일이 될 수도 있으므로 먼저 행동하는 것이다.

가령, 마음이 내키지 않더라도 아침 일찍 회사에 출근해서 커다란 목소리로 인사를 나누고, 자못 열의가 있는 것처럼 행동하고 있으면, 기분이 그 뒤를 따라와서 열의가 생기게 된다. 이와 같이 정신을 먼저 활발하게 한 다음에 행동에 옮기는 경우와, 행동하고 있는 사이에 정신이 활발해지는 경우가 있다.

이것은 쌍방에 서로 작용을 미치고 있기 때문인데, 기분이 좋지 않더라도 아침에 일어나는 시간과 일을 시작하는 시간을 일정하게 정해 놓고, 이것을 꾸준히 지켜 나가다 보면 어느새 열의가 빨리 회복되는 것을 느낄 수 있다. 이는 행동이 열의를 만들어 내기 때문이다. 만약, 그래도 아직도 일할 기분이 생기지 않는 경우에는 어떻게 하면 좋은가?

행동적인 훈련을 받아 보는 것도 나쁘지 않다. 이것도 "자극제"이다. 가령 해병대의 체험도 행동 중심의 훈련이다.

행동력이 우선되는 환경 속에 들어가면 그런 분위기에 젖어들게 된다. 해병대는 그런 조건에 딱 들어맞는 곳이다. 열의를 갖고 일을 하는 것보다 더 좋은 것은 없지만, 그렇게 되지 않을 때에는 열의가 있는 것처럼 행동하는 것도 좋다. 정신 작용은 행동에 의해서 자극을 받기 때문이다.

● 기(氣)를 발산하라

기는 정신 작용을 의미한다. 열기, 원기, 용기 등 기(氣)자가 붙은 말을 우리는 자주 쓴다. 일상에서 자주 사용하고 있는 이유는 그 말이 그만큼 중요하기 때문이다. 그러나 정신 작용만을 중시하여 현실을 무시해 버리지 않도록 경계해야 한다. 밖을 향해 기를 발산하라. 적극적인 정신 작용을 밖을 향해 발산하는 것이 경영에도 필요하기 때문이다. 전화 응대를 할 때 씩씩하게 힘을 내서 응대를 하면 고객의 기분도 더욱 좋아질 것이다.

● 매사에 열심인 사람과 사귀어 원하는 것을 개발하라

독립해서 새로 사업을 시작할 때는 소망이 강하다. 이것도 해보고 싶고, 저것도 해보고 싶어서 사업 계획을 엄청나게 많이 세운다. 그런데 시간이 지남에 따라 그 소망이 하나씩 사라져 간다. 사람들의 화두는 불경기에 대한 이야기로 가득 차 있고, 사업은 단조로운 매일의 반복이다. 일을 끝내고 밤에 집으로 돌아오면, 맥주 한 병에 스포츠 프로를 보는 것이 유일한 낙이라면 매우 위험한 지경에 이른 것이다. 사업에 대하여 꿈꾸었던 강한 소망이 매일 바람처럼 다 날아가 버리기 때문이다.

경영자가 소망을 상실하면 그 회사에는 활기가 없어진다. 새로운 도전이나 업무 개선이 이루어지지 않게 되고, 사장에서부터 말단 여사원에 이르기까지 회사 전체가 공중에 붕 떠 있는 것과 같이 분위기에 휩싸인다. 이래서는 회사가 오래 버틸 수 없다.

이렇게 되지 않기 위해서 경영자는 소망에 자극을 주어서 활성화해야 한다. 소망에 대한 열정을 지속시키는 가장 좋은 방법은 열심히 일하고 강한 소망을 가진 사람과 사귀면 된다. 언제나 발전적이고 새로운 생각으로 가득찬 사람들과 만나다 보면, 어느새 자신도 그런 마음을 갖게 된다. 단념하려고 하던 일도, "좋다! 다시 한 번 도전해 보자!"는 생각을 하게 된다.

각종 경제 단체에는 타업종간 교류 모임이 결성되어 있다. 서로 다른 업종의 경영자가 모여서 서로의 고민거리를 의논하고, 사업 활성화의 힌트를 찾아내려는 것이 목적이다. 분명히 좋은 아이디어다. 그러나 경영상 명확한 목표를 갖고 있지 않거나 소망이 전혀 없는 경영자와 만난들 무슨 소용이 있겠는가!

A회사의 성공 사례는 OO업종이니까 가능했던 것이지 우리 업종에서는 무리다. 또는 B의 성공 사례는 그 지역에서나 통하는 얘기지, 우리 지역에서는 가능성이 없다. 지금 와서는 너무 늦었다는 등의 변명대회로 전락해 버릴 텐데…

이런 류의 경영자들은 다른 회사의 성공 사례를 법칙화하고, 그 법칙을 자신의 업계 혹은 자기 회사에 어떻게 응용하느냐가 진정한 비즈니스 실력이라는 것을 까맣게 잊고 있다. 두세 번 모임을 갖고 대충 얘기를 나누고 나면 그것으로 끝장이다. 그 다음에는 각 멤버 간의 커뮤니케이션과 친목 도모라는 명목 하에 골프 모임을 만든다. 골프를 친 뒤에는 견문을 넓히기 위해서라는 이유를 붙여 동남아시아나 유럽 여행을 가는 것이 정해진 코스이다. 사업에 대한 명확한 목표도 없고 장래에 대한 소망도 잃어버리고

"샐러리맨화" 돼버린 경영자와 아무리 많이 사귀어 보았자 자신에게 별 도움이 되지 않는다.

타 업종간 교류는 반드시 적극적이고 열심인 사람과 사귄다는 조건이 반드시 따라다녀야 한다. 사업을 어떻게 신장시킬 것인가, 어떻게 경영 내용이 좋은 회사로 만들 것인가에 대한 확실한 목표를 가진 경영자와 교류를 도모하면 자신의 소망도 생명력을 키워가게 된다.

그러나 아무도 자신의 소망을 이루도록 도와주지는 않는다. 자신이 먼저 행동하는 수밖에 다른 방법이 없다. 이를 위해 자극제가 필요한 것이다. 무조건하고 사업을 시작하려면 열의를 가져야 한다. 그것은 기본이다. 모든 조건을 타고난 강자나 좋은 조건을 타고나지 못한 약자나 이 열의에 대해서만은 대등하며, 세금도 붙지 않는다. 언제나 원기 왕성하고 발전적일 수 있도록 자극제를 마련하라. 이것은 패기다. "일을 성취하려고 하는 기상"이다. 경영이나 인생에 중요한 것은 바로 이 씩씩한 기상이다. 이 기상을 유지하기 위해 자극제를 개발하여 한 달에 하루나 이틀을 자극제에 선행 투자하라!

약자는 강한 회사와의 경합을 피하고, 이기기 쉬운 장면을 선택해야 한다

적을 만들지 못하는 자는 친구도 만들지 못한다. – 앨프리드 테니슨 –

　우리는 란체스터 법칙에 의해서 조그만 차이가 큰 차이로 나타난다는 것을 알았다. 그리고, 자기보다 강한 경쟁 상대와 같은 방식으로 싸우면 손실이 커진다는 것도 수학적으로 계산해 보았다.

　적은 병력수를 가지고도 승리를 거둔 예외적인 인물로는 "미토 코몬 씨"나 "도야마의 김씨", "제니가타 헤이지"가 있지만, 이것은 어디까지나 소설 속의 얘기다. 집단의 싸움이 벌어지면, 란체스터의 법칙대로 되어 간다. 경쟁에서는 강한 자가 반드시 이기고, 약한 자는 반드시 패한다.

　일본인에게는 자기보다 강한 적과 싸우는 것을 용감하다고 생각하는 심리가 있는 것 같다. 과거, 전쟁에서 자기보다 훨씬 강한 적과 정면으로 맞붙는 "체면치레용" 싸움에 얼마나 많은 헛된 죽음을 감수했던가? 제2차 대전에서 충분히 겪었음에도 불구하고 아직도 싸움의 심리 기저에 그런 속성이 그대로 살아있다.

　그러나 약하다 하더라도 모든 것에 다 약하다고는 할 수가 없다. 특정 분야에 한정한다면, 자기 쪽의 전력이 상회하는 경우도 있을 수 있다. 경쟁 상대보다 조금이라도 우위에 있으면 2승에 비례하여 힘이 강해진다. 이것은 우리 선조들로부터 전해오는 "우선 이기기 쉬운 것부터 이겨라"고 하는 지혜의 법칙이기도 하다.

● 잠수함의 사용법

　일본 잠수함의 항속 거리는 세계 최고였다. 어뢰의 성능과 사정거리도 세계 최고였다. 기존의 잠수함은 어뢰의 동력에 압축공기를 사용하고 있기 때문에 공기가 거품이 되어 해면에 떠오르면 발견되기 쉬웠다. 그러나 일본의 어뢰는 동력장치에 산소를 집어넣어 가스를 연소시켰기 때문에 마력이 강했다. 더구나 연소된 가스는 탄산가스가 되어 바닷물에 흡수되어서 거품이 그다지 많이 나지 않았기 때문에 발견하기도 쉽지 않았다. 그만큼 뛰어난 어뢰를 가지고 있었다.

그러나 잠수함은 공격을 당하면 오로지 깊이 잠수해서 꼼짝 않고 숨죽이고 있을 수밖에 없기 때문에 수비에는 약하다. 만약, 항공모함이나 전함이라면 상대의 공격에 함께 공격하여 용감하게 싸우겠지만, 잠수함은 자신보다 약한 상대 가령, 상선이나 수송선, 송유선이라면 몰라도 강한 적을 공격 목표로 삼아서는 절대 안 된다. 백전백패이다.

항공모함이나 전함도 보급 물자가 들어오지 않으면 그냥 배에 지나지 않는다. 따라서 수송선을 공격하는 것은 강한 적을 공격하는 것과 같은 효과가 있다. 그런데도 일본군은 전혀 그것을 중요시하지 않았다. 주로 대형 군함만을 노렸다. 미국은 제2차 세계대전 후반부터 비행기에 레이더를 장착하고 광범위한 정찰을 할 수 있었기 때문에, 비행기에서 폭뢰(수중 폭탄의 한 가지)를 투하하여 일본 잠수함의 움직임을 봉쇄해 버렸다.

결국 일본의 잠수함은 잠수함으로서의 성능은 뛰어났지만 사용법을 잘못 알았다. 자신보다 강한 적에게 맞섰기 때문에 전과도 제대로 올려 보지도 못한 채 종전을 맞이했다. 이러한 일본인의 사고의 취약점이 가장 극명하게 드러난 것이 진주만 공격이다. 미군의 니미츠 제독이 쓴 태평양 전쟁을 읽어보면 일본군의 기습은 성공적이었지만 항만 근처의 미군의 석유 탱크는 피해가 전혀 없었다고 한다. 만약, 이 석유 탱크를 파괴했더라면, 연료가 부족하게 되어서 중부 태평양의 전함들은 반년 가까이 움직이지 못했을 것이라고 쓰여 있었다.

석유 탱크는 공격력을 갖고 있지 못하니까 공격하기가 가장 쉽다. 목표는 크고 더구나 움직이지 않는다. 몇 개의 폭탄만 투하하기만 하면 된다. 하나가 폭발하면 나머지는 화기로 인해 자동적으로 모두 폭발하리라는 것은 쉽게 상상할 수 있다. 미국의 니미츠 제독은, 일본군이 왜 석유 탱크를 공격하지 않고 그대로 방치했는지 지금 생각해도 이해할 수 없다고 하였다. 정말 실망스러운 일본인의 사고방식이다.

어쩌면 섬나라 사람들의 특징으로 일 대 일 승부 근성이 내면 깊숙이 뿌리박혀 있기 때문인지도 모른다. 그래서 집단전이나 확률전에 이기기 위한 전략적 사고가 자라나지 못했을 수도 있다.

큰 것을 노리기 전에 우선 작은 것에 이겨야 한다. 작은 것은 경쟁 상대도 적고 이기기도 쉽다. 작은 것에 여러 번 이기다 보면 이것을 발판으로 전체 승리의 기선을 잡을 수도 있다. 이것이 손실이 가장 적고 합리적인 승리 법칙이다.

태양을 향해 검을 휘두르지 않는다

일본에는 야구팬이 많다. 고교 야구는 지역 감정을 부추겨 그 열기가 더욱 뜨겁다. 야구는 9명 대 9명의 싸움이다. 병력수가 항상 일정하다. 후보 선수가 몇 명이든 간에 그라운드에 나가는 것은 언제나 동일한 수이다. 그러므로, 승부의 요인은 무기 성능에 해당되는 "개인의 기술"에 크게 의존한다. 개인적 기량의 차이에 의해서 예상치 않은 일이 자주 일어나는 것이다.

그러나 기업간 경쟁은 그렇지가 않다. 우선 병력수에서 커다란 차이가 난다. 야구 시합으로 말하면 "9명 대 13명", 혹은 "9명 대 20명"의 시합이 되는 것이 보통이다. 시합에 직접 참가하는 인원수는 회사의 규모에 따라서 차이가 크다.

9명 대 13명의 싸움에서 13명의 선수를 가진 회사가 수비에 들어가면 어떻게 되겠는가? 별도의 4명이 그라운드에 더 나간다. 투수의 뒤쪽에 1명을 배치한다. 이것으로 투수를 향해 때리면 아웃될 확률이 높아진다. 2루수의 베이스 뒤쪽에 1명을 배치하면, 유격수는 3루 쪽으로 좀더 붙을 수가 있으니까 3유간을 빠지는 것도 어렵다. 이런 식으로 적당한 장소에 3명을 더 배치하면, 히트가 날 확률은 절반 이하로 떨어질 것이다. 이러한 싸움이 바로 현실의 기업간 경쟁인 것이다.

야구 시합은 특정한 양자 간의 경쟁이고, 적의 수를 헤아릴 수 있으니까 유리한지 불리한지 금세 알 수가 있지만, 경영은 그것을 알 수가 없다. 경쟁 상대가 여러 회사인 것이다. 동일 지역에서 동종의 업계뿐만 아니라 이웃 지역, 이웃 나라에서도 영업을 하기 위해 찾아온다. 사업을 다각화한 회사에서 자신의 회사와 똑같은 상품을 개발하여 판매하는 중견 회사가 나타날 수도 있다. 복수 회사의 경쟁 속에서는 경쟁업체의 인적 자원의 수를 헤아릴 수가 없다. 어느 회사의 누가 어떤 행동을 하고 있는지 눈에는 보이지 않기 때문이다. 눈에는 보이지 않지만, 같은 지역에서 5명 대 9명이나, 5명 대 15명 등으로 보이지 않는 시합을 하고 있는 것이다.

인원수가 적은 회사는 이 정도 차이가 나면 선수의 기량이 높고 감독의 작전이 다소 뛰어나더라도 경쟁사를 이길 수가 없다. 현명한 감독이라면 선수들에게 기합을 넣는 것이 아니라, 이런 시합을 하지 않도록 할 것이다.

자신의 팀이 5명이라면, 4명이나 3명의 팀과 시합을 하면 되는 것이다. 용감하지 않으니까 메가폰을 손에 든 구경꾼도 찾아오지 않을 것이다. 약자는 우선 이기기 쉬운 것부터 착실하게 승리를 밟아나가야 한다. 그리고 이것을 하나씩 쌓은 다음, 보다 큰 승부에 도전하는 것이 "지혜롭고 현명한 승리법"이다.

상당히 오래 전의 일이지만 이런 노래가 유행했다. 〈꿀벌 무사시〉라는 노래였다.

꿀벌 무사시는 죽었다네
햇님을 향해 검을 휘두르다가
싸움에 패해서 죽었다네.

검의 달인인 무사시라 하더라도 초강자인 태양에게는 당해 낼 수가 없다. 결국에는 개죽음, 아니 꿀벌과 같은 아무 의미 없는 죽음을 당하고 말았던 것이다. 도산한 기업들 가운데는 이런 꿀벌 죽음형 도산이 많다. 쓸데없는 무모한 싸움은 그만두는 것이 현명하다.

현명한 경영자는 절대로 태양을 향해서 검을 휘두르지 않는다. 이기기 쉬운 곳에서 이기는 것이다. 이런 생각으로 경영을 해나가는 것이 약자의 전략이다.

● 약자는 지금까지 없었던 상품을 다룬다

신상품을 개발한 회사는 다른 회사와의 경쟁이 적다. 그러나 지금까지 없었던 상품이니까 이용자는 상품에 대한 지식을 전혀 갖고 있지 않다. 상품 지식도 없고 상품 이미지도 전무한 상태에서 판매해야 하므로 상품을 고객에게 설명하는 것과 영업하는 것이 무척 어렵고 힘이 든다. 또한, 리스크가 크고 실패율도 높다.

그러나 보급률 제로에서부터 출발했기 때문에 신장률은 엄청나게 커질 수 있다. 잘만 되면 몇 배의 배팅으로 성공에 성공을 거듭할 수 있다.

제1차 석유 파동 이후에 급성장하고 있는 업종이 많았다. IC관련 산업이나 로봇처럼 첨단 기술에 관련된 산업은 말할 것도 없고, 자기매트를 판매해서 급성장한 회사나 영양식품, 건강식품 등을 시장에 내놓고 엄청 커버린 회사도 적지 않다. 교육산업에 뛰어든 〈코분〉이나 젊은이들을 대상으로 한 선술집 체인인 〈무라사키〉는 모두 선발주자였기 때문에 경쟁할 만한 강자가 없었다. 그래서 단기간에 급성장한 것이다.

선발에다가 강자가 없는 업종에 진출하면 성장의 요소

를 다른 회사보다 많이 가지고 있게 된다. 그리고, 선발회사 중 성공한 회사의 경영자는 고객의 생각이나 방향을 끊임없이 피부로 느끼고 있다. 의욕과 소망이 남들보다 한층 더 강하고 행동적인 사람은, 지금까지 없었던 신상품을 다루는 것에 훨씬 더 많은 흥미와 도전 정신을 가질 것이다.

● 점유율 40% 이상의 강자가 있는 시장에는 나가지 말라

인간의 가능성은 무한하다고 주장하는 책들이 베스트셀러가 되고 있다. 무슨 일이든 불가능한 것은 없으며, 불가능하다고 생각하니까 불가능하게 되는 것이라고, 가능하다고 생각하면 가능해진다는 식의 경영 세미나도 많은 인기를 끌고 있다. 분명히 불가능한 일을 가능하게 만들 수는 있다. 그러나 가능하다고 해서 지금부터 자동차 제조에 손을 대서 〈도요타〉나 〈닛산〉을 따라 잡을 수 있겠는가?

이길 확률이 제로는 아니겠지만, 거의 제로에 가까울 것이라는 나의 생각은 틀림없을 것이다. 〈도요타〉가 세계 1위가 되기까지에는 간과할 수 없는 환경적 요인이 있었다. 하나는 자동차의 보급률이 낮았다는 것이다. 또 하나는

"시장 점유율을 40% 이상 차지한 강자"가 없었다는 것이다. 톱 기업의 시장 점유율이 40% 이상으로 "상대적인 독점"이 확립되어 있는 업종에서는 경영의 조건이 달라진다. 내부의 경영 노력에, "강한 경쟁 상대와의 싸움"이라는 커다란 외부 요인이 더해지기 때문이다. 〈혼다 기엔〉의 경영 노력은 좋은 평가를 받고 있지만 〈도요타〉의 벽은 너무나 두텁다. No.1인 회사가 40% 이상의 시장 점유율을 차지하고 있는 업종에는 침투하는 것조차 쉽지 않다.

1위 기업의 시장 점유율이 26%를 넘으면 신규 참가는 사실상 어렵게 된다. 〈혼다〉는 미국에 소형 자동차 공장을 세워서 순조롭게 성장해 가고 있다. 일본 국내에서 〈도요타〉와 정면으로 경쟁하기보다는 소형 자동차로 미국의 동종 기업과 경쟁하는 쪽이 유리하기 때문이다. 자동차 전체로는 〈GM〉이 강자지만, 소형차 부문에서는 약하기 때문에 〈혼다〉한테 그 시장을 빼앗긴 것이다.

신규 참가, 혹은 신규 사업이 성공하느냐 못하느냐는 내부적인 경영 노력 외에, "강한 경쟁 상대"가 있느냐 없느냐가 매우 중요한 관건이다. 약자는, 물량적으로도 강하고 질적으로 강한 강자의 회사가 버티고 있는 업종에서는 철수하는 것이 현명하다.

작은 시장과 틈새를 노려라

일반적으로 시장은 큰 쪽이 좋은 것처럼 생각된다. 그런데 시장이 크면 그만큼 강한 회사도 많게 된다. 대기업이 다각화의 일환으로 신규 시장에 뛰어들 확률이 높기 때문에 그만큼 위험성이 높다. 시장이 크면 경쟁 상대도 늘어나기 때문에 약자의 신규 참여는 다시 고려해 보는 것이 좋다. 약자는 대기업 쪽에서 볼 때 매력이 없는 작은 시장 쪽이 일하기가 쉽다. 작은 시장에는 상대하기 벅찬 강자가 많지 않기 때문이다.

전국적으로 연간 500억 엔 이하의 시장에는 대기업이 침투해 오지 않는다. 따라서 연간 500억 엔 이하의 시장에서 약자의 전략 룰을 지키면서 경영해 나가면 그 속에서는 강한 회사가 될 수 있다. 더구나 그 속에 강자가 없다면, 오랜 시간이 걸리지 않고도 강자적 존재가 될 수 있다. 〈나카바야시〉의 앨범이 그 좋은 사례이다. 문구업계에서 앨범이라는 아이템만 집중 공격하여 성공했다.

다시 말하면, 작은 시장에서는 이기기가 쉽다. 다만 작은 시장을 선택했을 때에는 지나친 과욕은 금물이다. 시장이 작기 때문에 지나치게 과욕을 부리면 단기간에 수요가 바닥을 쳐버리게 된다. 틈새는 어디까지나 틈새인 것이다. 바둑에서 말하는 "무리수"를 두게 되면, 뜻하지 않은 매상 저하에 시달리게 된다.

작은 시장에서 과욕을 부리면 일시적으로 고객에게 "싫증" 현상이 나타나서 수요가 뚝 떨어져 버린다. 특정한 시장에서는 그렇게 될 우려가 다분히 있다. 사람들의 불가사의한 심리 중에 하나가 "싫증"이라는 것인데, 그 반격에 부딪치면 처리하기가 곤란해진다.

화교들은 약자의 전략을 신앙처럼 지키고 있다. 화교들은 사업을 시작할 때, 좁은 시장부터 공략해 들어간다. 외식 시장은 크지만 중화요리 시장은 작다. 더구나 한 업체가 전국을 지배할 정도의 규모를 가진 강자는 없다. 업체 수는 많지만 규모는 작으니까 참가하기 쉽다. 그리고 다음 가게를 사들여 작은 가게를 몇 개씩 만들어 간다. 화교상들의 사업 확장방법은 하나씩 하나씩 쌓아 올려가는 방식이다.

그렇기 때문에 화교들은 일본의 일류 메이커와 정면으로 경쟁하게 되는 사업에는 절대로 손을 대지 않는다.

정년을 앞당겨 무역회사에서 퇴직한 탈 샐러리맨 경영자의 실패율이 높은 이유는 큰 시장을 노리기 때문이다. 샐러리맨 시절에는 강자적인 회사에 근무했다 하더라도 혼자 경영하게 되니까 약자 중의 약자가 된다. 이런 환경에 적응하지 못하기 때문에 실패를 하는 것이다. 자신의 분수를 알지 못하면 도산하기 쉽다. 약자는 모름지기 작은 시장부터 눈독을 들이고 그 속에서 착실하게 승리를 거두는 방식을 택해야 한다.

●선발주자가 강자인 업계에는 끼어들지 말라

오래 전부터 영업을 해오고 있는 회사를 "선발주자"라고 하고, 뒤에서 그 업계에 비집고 들어가는 업자를 "후발주자"라고 부른다. 선발주자 중에 강한 회사가 몇 개씩 있는 업계에는 후발주자는 신규로 참가하지 말아야 한다. 승산이 없고 혼쭐이 나기 십상이다.

나중에 출발하는 회사가 같은 상품을 같은 방식으로 판매하더라도 잘 팔릴 턱이 없다. 무슨 일이 있어도 그 업계에서 꼭 사업을 하고 싶다면 판매 방식을 확 바꿔라. 판매 방식을 철저하게 차별화하지 않으면 승산이 없기 때문이다. 선발주자가 점포 중심이라면, 후발주자는 방문판매형을 택하면 기회가 생길 수 있다.

의류 업계에서 속옷 제조업체의 실적은 그다지 좋지 않다. 특히 남성용 내의의 경우는 돈벌이가 제일 시원치 않다. 메이커 → 도매업자 → 소매점 → 소비자……이런 유통 흐름 속에서 제품이 남아도는 현상이 심해지면, 회사는 제값을 받지 못하고 팔게 된다. 적자를 유가증권 매각이나 부동산 매각으로 메우고 있는 것이 속옷 업계의 현실이다.

그러나 고베에 본사를 둔 〈샤를레〉는 내의의 "방문판매"로 급성장을 이룬 케이스다. 이러한 급성장을 보고 같은 방식으로 많은 기업이 이 시장에 참가하여 방문판매 업자들끼리 싸우게 되는 상황까지 벌어졌다. 그래서 〈샤를레〉의 경영방식은 영업의 차별화로 성공한 사례로 자주 인용되고 있다. 다시 말하면, 선발주자가 강하거나 시장이 포화 상태일 경우에도 판매방식을 바꾼다면 성공의 기회를 얻을 수 있다.

선발주자가 강하면 판매방식을 바꾸는 것이 하나의 방법이지만, 장소를 바꾸는 방법도 있을 수 있다. 강한 선발업자가 몇 개씩 있는 지역이 있는가 하면, 선발업자가 약한 지역도 있기 때문이다. 후발업자는 선발업자가 약한 지역에서 차별화하는 방법을 취하면 된다.

그렇게 간단한 일은 아니지만, 선발주자가 약자이고 후

발주자가 보다 전략적이라면 성공의 기회는 얼마든지 있다. 그러나 업계 자체가 오래 되었고 강한 회사들이 많이 있는 업종에 신규로 참가하는 것은 유보하는 것이 현명하다. 꼭 하고 싶으면 결정적인 "차별화"를 찾아낼 때까지 서두르지 않는 것이 좋다.

남들이 싫어하는 업종을 노려라

대학 4학년쯤 되면 취직이 급선무다. 그래서 〈리쿠르트〉의 취직 정보지가 바이블이 된다. 그런데 대학 졸업자가 처음에 희망하는 포스트는 기획이나 총무 같은 일이 95%를 차지한다. 나머지 5%만이 현장 업무를 희망하고, 영업을 하겠다는 졸업자는 매우 적다. 좋은 대학을 졸업하고 특별히 성적이 좋으면 원하는 포스트에 취직할 수 있을 것이다. 그러나 2류나 3류의 사립 지방대학 졸업자는 자신이 원하는 포스트에 취업하기가 매우 어려울 것이다.

나는 개인적으로 대졸자들이 정말로 성공하고 싶다면 영업부를 선택하라고 권하고 싶다. 그 이유는 남들이 싫어하는 일이기 때문이다. 중소기업에 취직을 한다면 처음부터 영업을 선택하는 것이 좋다. 지갑을 쥐고 있는 사람, 금고의 열쇠를 갖고 있는 사람이 상품을 산다. 이 사람들한테 환영을 받느냐 받지 못하느냐 하는 것은 특별히 학력이나 성적과는 관계가 없다. 영어를 잘 했다고 해서 상품을 사주겠다는 사람은 없기 때문이다.

장의사나 장례용품 사업은 의외로 잘 되고 있다. 이 장사에 〈미츠비시 상사〉나 〈미츠이 물산〉이 손을 뻗칠 걱정은 전혀 없다. 장의 관련 업계에도 그 나름대로 경쟁은 있지만 엄청나게 강한 강자의 참가가 없는 만큼 유리한 것임에는 틀림없다.

건설업자가 사용하는 현장용 기계는 거의 모두 임대해서 쓴다. 임대하면 공사할 때마다 골치 아픈 사용 할당 계산을 사내에서 할 필요가 없고, 공사 손익의 청산이 빠르기 때문이다. 그러나 임대업자도 경쟁 상대가 많아져서 이익이 해마다 줄어들고 있다. 그리고 도산하는 회사도 늘어나고 있다. 임대 회사가 취급하는 상품들 가운데서는 임대 화장실의 수익이 좋다. 건설 현장에는 반드시 임대 화장실이 필요하고, 축제나 야외 대회를 할 때에도 그 수요가 있다.

임대 화장실은 대출 기간 동안 오물 수거와 청소를 해주어야 하기 때문에 지저분한 일이다. 그 대신에 남들이 그다지 하고 싶어 하지 않으니까 가격 경쟁이 적고 회수 조건도 좋다. 이기기 쉬운 분야 중에 하나이다.

남들이 싫어하는 일, 남들이 하고 싶어 하지 않는 일에는 강자가 손을 대지 않기 때문에 그 만큼 성공의 기회가 많다.

관례가 많은 업계는 침투하기가 쉽다

슬기롭게 일하면 모가 난다. 정에 끌리면 시달린다. 아무튼 이 세상은 살아가기가 힘들다는 식의 관례와 습관이 많은 업계는 침투하기가 쉽다. 강한 업자가 적고, 비슷한 업자들이 많으니까 차별화가 효력을 발휘하기 때문이다. 그 대신 지금까지의 오래된 습관을 깨뜨려야 하므로 같은 업종의 많은 회사로부터 비판의 집중 포화를 받게 되는 것은 피할 수가 없다.

그 포화를 견뎌낼 수 있는 터프한 정신력의 소유자라면 오히려 관례가 까다로운 업계로 뛰어드는 쪽이 성공하기가 쉽다. 가령, 불단(佛壇)은 대개 점포 판매가 중심으로 되어 있어 고객이 오기를 기다리는 영업이 이 업계의 관례다. 불단 업종은 에도 시절부터 시작되었으므로 점포의 역사도 오래되었다. 그렇기 때문에 불단 점포는 어디에 가더라도 상점의 중심가에 자리를 잡고 있다. 그리고 오래된 불단 상점은 기다리는 장사를 수 년에서 수십 년 동안 해 왔기 때문에 기다리는 장사가 몸에 배어 있다.

불단 점포를 교외형으로 바꾸고 "방문판매"에 의해서 단숨에 성장한 회사가 후쿠오카에 있는데, 초창기에는 같은 업종의 점포로부터 많은 비판을 받았다. 경영 방식이 좋은가 나쁜가는 동종 업계의 점포들의 "인기 투표"에 의해서 결정되는 것이 아니다. 동종 업계의 점포에게는 투표권이 없다. 투표권을 가진 것은 고객이다. 지갑을 가진 소비자가 좋다고 하면 좋은 것이다. 그런데 관례에 묶인 업계에서는 이 장사는 "신"이 내려 준 "특권"이라고 굳게 믿고 있다. 자신들은 신이고, 고객은 고용인이라고 생각하고 있다. 이래서는 고객들로부터 지지를 받을 리가 없다. 지갑을 가진 사람이 "신"이라고 생각하는 판매회사가 생겨나면, 고객으로부터 당연히 지지를 받을 것이고, 성장도 당연한 것이다.

이것이 자연스럽고 올바른 장사의 흐름이다. 올바른 일을 하면 하느님도 부처님도 도와줄 것이다.

후쿠오카에 안경으로 성공한 회사가 있다. 철저히 장시간 영업과 고객에 대한 서비스로 성공한 회사이다. 그러나

이 회사의 사장도 동종의 많은 회사로부터는 비판을 받았다. 집에는 욕설 전화가 빗발쳤고, 버스 정류장에 서 있으면 원한을 품은 다른 회사의 경영자가 지나가면서 시침을 뚝 떼고 발로 걷어차고 간 일도 있었다고 한다.

이러한 동종 업계의 경영자와는 아무리 좋은 이야기를 해도 "모"가 날 뿐이다. 또한 동종 업계의 경영자와 교제하는 것은 "정"에 이끌리기 쉬우므로 그만두는 것이 좋다. 지갑을 갖고 있는 "고객"만 놓치지 않고 끊임없이 보고 있으면 된다. 이와 같이 관례가 강한 업계나 오래된 산업이라도 방식을 바꾸어 차별화에 성공하면 급성장할 수가 있다.

지금까지 설명한 내용을 정리해 보자.

① **싸우지 않고 이긴다** – 지금까지 없었던 상품, 지금까지 없었던 업종이 여기에 해당된다. 상품의 PR과 판매 활동에 주력해야 하지만 경쟁 상대가 없기 때문에 영업에 집중할 수가 있다. 들어 맞으면 노력이 보상받고 이익이 커진다.

② **이기기 쉬운 곳에서 이긴다** – 이미 그 상품을 팔고 있는 업자가 있다. 그러나 약한 회사뿐이고 강한 상대는 없다. 이런 곳에서는 전투력을 집중시킴으로써 비교적 빨리 강자가 될 수 있다.

③ **실력이 비등한 상대에게 이긴다** - 이런 경우에는 전투력을 집중시켜도 크게 유리해지지 않는다. 전투시간을 늘려서 일시적으로 전투력을 증가시킨다. 그러면 6승 4패 정도의 성적을 올리게 되는데, 이때 아군의 손실분도 상당 부분 있게 되는 것은 어쩔 수가 없다.

④ **강한 상대에게 이긴다** - 같은 방식으로 싸워서는 승산이 없다. 적의 허점을 찌르든가 일시 휴전을 한다. 그리고 그 동안에 힘을 키워 나가야 한다.

경영은 항상 세 방향에서 싸움을 하고 있는 것과 같다. 첫째는 상품 이용자에 대한 판매활동이고, 둘째는 회사 내부의 이해관계이고, 셋째는 경쟁 상대이다. 첫째와 둘째는 자사의 내부 문제니까 노력으로 해결할 수가 있다.

그러나 경쟁 상대는 이쪽의 노력만으로는 해결되지 않는다. 경쟁 상대의 움직임을 놓치지 않도록 해야 한다. 고객의 요망을 직접 현장에 나가 들어야 한다. 중소기업을 경영해서 성공하려면 싸우지 않고 이길 수 있는 장면과 이기기 쉬운 장면에서 행동하는 전략가가 되어야 한다.

경영 경쟁에서 확실하게 이기려면, 싸우지 않고 이길 수 있는 장면과 이기기 쉬운 장면에서 행동할 필요가 있다. 이렇게 할 수 있는 사람을 "전략가"라고 할 수 있을 것이다.

현명한 사람은 그가 발견하는 이상의 많은 기회를 만든다. – 베이컨 –

잘게 나누어 약점을 찾아라

어떻게 하면 이기기 쉬운 장면을 발견할 수 있는가?

조그맣게 나누어 보면 이길 수 있는 분야가 나타난다. 약자는 경영의 요점을 전부 조그맣게 나누어서 생각할 필요가 있다.

그리스에는 아킬레스의 신화가 있다. 트로이 전쟁에서 활약한 영웅이다. 아킬레스는 영웅 펠레우스와 바다의 여신 테테이스의 아들로 태어났다. 어머니 테테이스는 태어난 아들을 영원히 죽지 않는 강자로 만들고 싶어 했다. 그래서 신성한 불 속에 집어넣었으나 남편한테 제지당해서 실패했다. 그 뒤 황천의 강물에 담가 죽지 않는 몸으로 만들었다. 그러나 어머니는 아킬레스의 발뒤꿈치 위를 손으로 잡고 강물에 담갔기 때문에, 그곳에는 물이 묻지 않아서 그 부분만 보통 피부로 되어 있었다. 아킬레스는 죽지 않는 몸을 이용하여 세상 무서울 것 없이 날뛰고 다녔다.

그런데 아군의 배신으로 적에게 이 약점이 알려지게 되었다. 적군에서는 미남이기는 하지만 나약하고 병사로서는 별 볼일 없는 팔라스를 자객으로 보냈다. 팔라스는 아킬레스에게 접근했다. 팔라스의 나약함을 보고 아킬레스는 방심했다. 방심하고 있던 아킬레스는 팔라스에게 발목을 공격당하여 죽었다는 이야기다.

그래서 강자의 약점을 "아킬레스건"이라고 부르게 된 것이다. 불사신의 강자를 그저 막연히 바라보고만 있으면, 도저히 승산이 없는 것처럼 보인다. 그러나 몸 전체를 조그맣게 나누어서 보면 "아킬레스건"을 알 수가 있다. 그곳을 노리면 약한 자에게도 이길 기회가 생기게 된다.

● 움직이면 틈새가 생긴다

교통이 정체되면 자동차가 몇 줄로 죽 늘어서 차간 간격이 좁아져서 다른 차가 끼어들 여지가 줄어든다. 교통 혼잡 지역을 빠져 나가 차량이 적은 곳에 오면 자동차는 속도를 낼 수 있다. 그러나 빨리 달릴 수 있는 환경이지만 그다지 빨리 달리지 않는 자동차도 있기 때문에 차간 거리에는 틈새가 벌어지게 된다. 그러니까 전체가 천천히 달리면 차와 차 사이의 틈새가 좁아지지만, 빨리 달리면 곳곳에 틈새가 벌어진다.

전국 시대에, 스루가와 도우미와 미키와 지역에서 세력을 잡고 있던 이마가와 요시모토는 1560년에 교토를 향하여 진격을 개시했다. 총 병력수는 약 2만 5천 명이었다. 교토로 가는 도중에 오다 노부나가의 군대와 싸웠다. 오다의 병력은 4천 명이 채 안 되었다. 2만 5천 대 4천이라면 싸움이 되지 않는 전투이지만, 그러나 오다가 이겼다.

그 원인은 이마가와의 군대는 대군이었지만, 교토로 이동 중이어서 진영의 선두로부터 최후미까지 길게 뻗어 있었다. 그 때문에 부분 부분으로 나누어서 살펴보면 방비가 허술한 곳들이 있었다. 그 방비가 허술한 곳에 이마가와 요시모토가 있었던 것이다. 오다는 그곳을 집중해서 돌격해 들어가 이겼던 것이다.

이마가와 군대는 병력수로 보면 압도적인 강자였다. 정면으로 공격했다가는 계란으로 바위를 치는 격이었다. 그러나 교토를 향해서 이동하고 있었기 때문에 차간 거리가 넓어져서 틈새가 생겨났던 것이다. 다시 말하면, 오다 노부나가 승리를 거두게 된 것은 틈새의 발견에 힘쓰고, 그 틈새를 공격했기 때문이다.

물은 고여 있는 연못에서는 잔잔한 수면을 만든다. 그러나 흘러가면 수면은 소용돌이를 치고 물결도 만든다. 물이 움직이면 물과 물 사이에 틈새가 생긴다. 그 틈새를 향해서 주변의 물이 흘러 들어가려고 한다. 이것이 바로 "소용돌이"이다. 물의 흐름에서 생겨나는 소용돌이는 "틈새"인 것이다.

강한 자도 세밀히 분석해 보면 그 나름대로 약점을 갖고 있다. 큰 집단이 움직이면 반드시 틈새가 생겨난다. 약자는 경영 자원이 빈약하다. 빈약한 경영 자원을 가지고 강자와 직접 싸우거나 업계 전체를 노리다가는 박살이 난다. 승기를 잡기 위해서는 우선 이기기 쉬운 "틈새"부터 공략해 나가라.

약자는 공격 목표를 정할 때 요점을 구분해서 생각해야 한다. 이것을 "세분화 수법"이라고 한다. 전체를 한꺼번에 바라보면 도저히 승산이 없을 것처럼 보여도, 조그맣게 나누어서 살펴보면 이길 수 있는 장면이 나타난다.

틈새 산업

경제 사회에는 시장이 필요로 하는 상품을 공급하기 위한 여러 가지 업계가 있다. 업종이라고 부르기도 한다. 어느 세상에나 그 시대에 맞는 업종이 있다.

세상은 움직이고 있다. 움직임이 빨라지면 틈새가 생기기 마련이다. 이용자는 이러이러한 상품이나 서비스를 받고 싶다고 생각하는 데도 그것을 공급하는 전문업자가 없으면 고객은 불만을 느끼게 된다.

이용자의 불만을 보고, 그렇다면 내가 회사를 만들어서 고객의 요구에 응답해야겠다는 사람이 나타나게 된다. 이것이 "틈새 상품"이다. 틈새의 규모가 커지게 되면 "산업"이라고 부른다. 〈구로네코 야마토〉의 택배는 개인의 선물이나 짐을 손쉽게 운반해 주는 경영을 시작해서 택배 산업을 만들어 냈다.

틈새 산업은 뉴 비즈니스이며 동시에 벤처 비즈니스이다. 뉴 비즈니스는 대부분 처음에는 직업별 전화번호부나 정부의 업종별 분류에는 "기타"로 분류되어 있다. 그러나 시장 규모가 커지게 되면 이윽고 사회적으로 인지되어 "00업"으로 분류된다. 그렇게 되면 뉴 비즈니스도, 틈새 산업도 아니게 된다.

사채 금융이 그 좋은 예다. 사채 금융 기업의 규모가 커지니까 "소비자 금융업자"로 취급되게 되었다. 사채 금융도 처음에는 "업종의 틈새"를 노려서 조그맣게 시작했다. 지금은 거대 산업으로 된 할인마트도 초창기에는 틈새 산업이었다.

경영자들이 모이면, "뭔가 돈벌이가 될 만한 장사는 없을까?" 하는 이야기가 쏟아져 나온다. 돈벌이가 되는 장사란 틈새 산업을 말한다. 그러나 틈새 산업이 새로운 사업으로 알려지게 되기까지는 헤아릴 수 없을 정도의 많은 실패자가 나오게 된다.

산업의 틈새는 보통 큰 업계의 주변에서 발생하는 성질을 갖고 있다. 운송 업계는 거대 산업인데, 그 그늘에서 택배가 태어났다. 〈구로네코 야마토〉는 수송량으로 따져보면 수송업계 전체에서 하위에 머물러 있다. 그러나 매상고로는 No.2가 되었다. 조그만 물건을 수없이 많이 나르고 또 나르고, 모으고 또 모아서 모기업보다 더 커진 것이다.

틈새 산업이라고 불리는 장사는 처음에는 거대 산업의 그늘에 있었고, 더구나 형태가 작기 때문에 멍하니 있는 사람은 깨닫지를 못한다. 강한 목표 의식을 갖고서 특정한 범위를 세분화하고, 끈질기게 열심히 관찰하고 있는 사람만이 틈새를 발견할 수가 있다.

거대 산업의 주변을 고객의 입장에 서서 용도나 만족도 등의 몇 가지 각도에서 세분화해 나가면 틈새를 발견할 수 있다. 이것은 돈벌이가 되는 장사가 될 가능성을 갖고 있다. 돈벌이가 되는 장사는 스스로의 노력과 연구의 성과로 태어나는 것이지, 타인으로부터 배우거나 누가 가르쳐 줄 수 있는 것이 아니다. 세분화하는 눈은 약자가 이기기 위한 불가결한 조건이다.

● 맹점 상품과 틈새 상품

전동 공구 메이커에는 강자가 많다. 〈마키타〉, 〈히다치〉, 〈블랙 앤 덱커〉 등 많은 회사가 치열할 경쟁을 벌이고 있다. 〈마츠시타 전기〉가 이 전동 공구 분야에 참가했다. 선발기업과 비슷한 상품을 만들어서 판매해서는 아무리 〈마츠시타 전기〉라 하더라도 고전을 면하기 어려울 것 같았다. 그래서 상품군을 세분화하던 중에 "충전식 전동 공구"가 없다는 것을 깨달았다. 전동 공구의 전원은 100볼트 전력을 사용하기 때문에, 작업 현장과 전원 사이에 길다란 케이블이 필요하게 된다. 전원이 근처에 없거나 발판의 조건이 나쁘면 케이블을 길게 연결하여 전기를 끌어오지 않으면 안 된다. 이 문제점을 해소한 것이 바로 충전식 전동 공구이다. 이렇게 해서 〈마츠시타 전기〉는 충전식 전동 공구로 성공을 거두었다.

용도의 틈새를 발견한 것이 이 상품의 포인트가 되었다. 신기술의 발명이나 신소재의 제조에 성공하면, 그 장점을 무기로 급성장을 이룩할 수가 있다. 혼다 소이치로 씨가 100년에 한 번 나오는 대발명이라고 격찬한 것이 바로 "정밀 시트 코일 모터"이다. 모터의 코일을 프린트 배선 기술에 응용해서 만들어 낸 것은 바로 〈강교 전기기기〉였다.

이제까지의 모터로는 만들기 힘들었던 물건을 이 모터를 사용하면 만들 수 있게 되었다. 이제까지 만들 수 없었던 물건을 만들 수 있다는 것은 곧 틈새를 메우는 데 성공했다는 얘기가 된다. 이런 상품은 경쟁이 적어서 이기기가 쉽다.

상품의 성능이 좋고 또한 가격도 싸다면 재래 상품 시장에도 진출할 수가 있다. 신기술, 신발명이라는 무기를 들고서 지금까지의 경쟁업계 속으로 비집고 들어갈 수가 있는 것이다. 요컨대, 재래 상품의 대체 상품은 재래시장을 잠식해서 급속히 성장하게 된다.

또, 모터의 원료가 되는 소재에서는 아모르퍼스 금속이 성공을 거두고 있다. 이제까지 없었던 상품이기 때문에 새로운 분야의 상품일 뿐만 아니라 대체 상품으로서 기존 상품을 잠식해갈 가능성도 갖고 있다. 신발명과 신기술은 이제까지와는 다르기 때문에 값어치가 있는 것이다. 이것은 요컨대 일종의 틈새를 메우는 일이기도 하다.

● 틈새를 발견하는 방법은?

이마가와 군대에 틈새가 생긴 것은 교토를 향해서 이동하고 있었기 때문이다. 이동이란 곧 변화이다. 시장은 성숙 사회이기는 하지만 그 나름대로 변화를 진행하고 있다. 개인의 취향이 변화하는 것은 한층 더 빨라지고 있다. 변화가 심해지게 되면 틈새가 여기저기에서 생겨나게 되므로 약자에게는 커다란 기회가 될 수 있다. 그렇다면 틈새 상품을 노릴 때 어떤 사고방식을 가지고 추진하면 좋은가?

〈세분화의 사고 방식〉

① 대형, 중형, 소형으로 세분화를 생각한다

② 두껍다, 얇다로 세분화를 생각한다

③ 용도별, 기능별로 세분화를 생각한다

④ 고급품, 중급품, 대중품으로 세분화를 생각한다

⑤ 일반용, 업무용, 프로용으로 세분화를 생각한다

⑥ 외관, 디자인, 취향으로 세분화를 생각한다

⑦ 소득별, 세대구성별로 세분화를 생각한다

상품의 보급률이 낮을 때에는 상품을 만들어 제공하는 쪽의 생각대로 고객이 따라오도록 해도 다른 대체 상품이나 비교할만한 유사 상품이 없기 때문에 고객들이 크게 개의치 않았고 상품을 구입하고도 만족해 했지만, 상품의 보급율이 상승하면 다른 경쟁업체가 생기기 때문에 이러한 것이 통하지 않는다.

따라서 성숙된 시장에서 판매할 틈새 상품이나 차별화 상품을 만드는 경우에는, "만드는 쪽의 사정과 판매하는 쪽의 사정"을 과감히 버려야 한다. 오로지 그 상품을 최종적으로 사용하는 고객의 입장에서만 생각하여야 한다. 그렇지 않으면, "틈새"는 찾을 수가 없으며 차별화된 상품은 태어나지 않는다.

호치키스는 가정에나 사무실에나 몇 개씩 굴러다니고 있었다. 호치키스의 바늘이 50개짜리 2개 들어가는 것이 1백 엔에서 2백 엔에 팔리고 있었다. 그런데 이 타입보다 5분의 1 정도 밖에 안 되는 미니 호치키스가 선을 보였다. 사무기기 메이커인 〈플러스〉가 개발한 것이 크게 히트한 것이다. 가격은 1개에 5백 엔으로 비싼 편이었지만, 생산이 따라가지 못할 정도로 많이 팔렸다.

그리고 미니 가위 등을 넣은 세트도 엄청나게 많이 팔렸다. 첫인상은 "와, 예쁘다!"였다. 다시 말하면, 용도의 기능보다는 외관, 디자인, 취향에 표적을 맞춰서 성공을 거둔 것이다.

옛날에는 세분화는 대형, 중형, 소형이 중심이었으나, 시장이 보다 성숙해지자 "개인별 용도"의 세분화가 중요도를 더하게 되었다. 또한 디자인이나 외관을 중심으로 한 "취향"으로 상품을 선택하는 무게중심이 옮겨 갔다. 틈새 상품은 경쟁 상대가 전혀 없든가 적다는 것을 의미한다. 경쟁 상대가 없으면 이기기 쉬운 것은 당연한 일이다. 틈새를 발견하려면 최종 이용자에게 접근함과 동시에 변화에 즉각 대응하는 자유성과 민첩성이 높은 조직체가 필요하다. 그리고 중점주의로 즉각 힘을 집중할 수 있도록 해 놓으면, 약자에게도 이길 기회가 찾아오게 된다.

● 지역의 틈새를 노려라

지역시장을 세분화하여 경쟁상 유리한 곳, 즉 틈새를 발견하여 거기에 힘을 집중하는 것을 "지역 전략의 국지전"이라고 부른다.

병력수에 한계가 있는 약자는 국회의원 선거의 전국구 타입과 같은 판매를 생각해서는 안 된다. 지역 시장을 전국 단위로 살펴보면, 어느 지역이 자신에게 불리한 싸움터이고, 어디가 유리한 지역인지 알 수가 없기 때문이다.

강자, 혹은 자사보다 경영 규모가 큰 상위 기업이라 하더라도 모든 도에 걸쳐서 한결같이 강하다고는 할 수 없다. 지역을 조그맣게 쪼개보면, 강한 지역도 있는가 하면 약한 지역도 있다는 것을 알 수 있다. 시장을 구의회 의원 선거 단위로 구획해서 살펴보면 반드시 틈새가 나타나게 된다. 틈새 중에서는 자사에게 유리한 지역도 나타날 것이다. 여기에 힘을 집중하고, 더욱 더 강화하는 것이 약자가 성공하는 지름길이다.

이마가와 군대가 교토로 이동할 때 부대와 부대의 틈새는 "산골짜기"에서 생겨났다. 즉, 산골짜기나 분지, 반도나 외딴섬은 대군을 이끌고 움직이기에는 힘든 지역이다.

가령, 규슈지방은 분지 외에도 반도와 외딴섬이 많다. 간장 업계의 경우 이러한 틈새 지역에서 그 지방의 메이커들이 각각 고군분투하고 있기 때문에 대기업인 〈깃코만 간장〉도 낮은 점유율 밖에 차지하지 못하고 있다. 이런 지역을 "맹점 시장"이나 "국지전 시장"이라고 부른다. 그 밖에 시도의 경계 지역이나, 상권과 상권의 중간 지점도 맹점 시장이 되기 쉽다.

맹점 시장은 도로나 철도 등에 의해 강제적으로 구역이 분단되는 곳에도 있다. 고속철이 지나가거나 고속도로가 생기거나 넓은 우회도로가 생기면 상권이 분단된다. 상권이 분단되면 영업사원의 순회 코스가 반드시 바뀌게 된다. 순회 코스가 달라지면 미방문처가 발생한다. 따라서 상권이 분단되고나서 3년쯤 지나면, 지금까지 강했던 업자라 하더라도 약한 지역이 반드시 나타나게 된다. 자동차로 움직이면 자동차로 들어가기 힘든 지역이 맹점 시장이 된다.

메이커와 최종 이용자의 중간에 있는 도매업자나 업무

용 물품 판매업자는 상품의 차별화를 하기 어렵기 때문에, 지역에서 차별화하여 강한 지역을 만들어 나가지 않으면 경영이 안정되지 않는다.

지역 전략을 추진하는 데는 두 가지 중요한 포인트가 있다. 하나는 지역 특성이고, 또 하나는 동종 회사와의 경쟁 문제이다. 회사에 유리한 지역인가 아닌가는 책상머리에 앉아서 판단할 문제가 아니다. 이것에 대한 정확한 판단은 정확한 현장 정보의 수집력에 달려 있다. 사장 스스로 전략상의 정보 수집을 위해 일정한 간격으로 시장을 빠짐없이 돌아다니지 않으면 정확한 정보를 토대로 한 옳은 판단을 내릴 수 없다. 사장이 직접 상품을 판매하는 것이 아니라 공격지역을 명확히 하기 위해 최대한 돌아다녀야 한다. 판매회사는 이 작업이 가장 중요하다.

이와 같이 약자는 무슨 사업을 하든지 경영상의 요점을 세분화해서 생각해야 한다.

세밀하게 쪼개면 잘 보이게 된다. 잘 보이면 공격 목표가 명확해져서 실행하기가 쉬워진다. 다시 한 번 강조하지만, 약자는 사물을 전체로 보지 말고 세분화하여 이기기 쉬운 장면을 발견하는 버릇을 습관화하여야 한다.

약자는 힘의 분산을 피하고 중점주의를 철저히 한다

행동가처럼 생각하라. 그리고 생각하는 사람처럼 행동하라.
- 핸리 버그슨 -

1점 집중주의

공기총은 상당한 위력을 발휘하지만 산탄을 넣고 쏘면 위력이 없어져 버린다. 잠자리도 한 마리 떨어뜨리지 못할 정도다. 산탄을 넣고 쏘면 총알의 수가 많아지니까 어느 것이든 하나는 맞을 것이라고 생각한다. 맞을 "확률"은 분명히 상승하겠지만 명중을 했다 하더라도 위력이 없으니까 성과가 없다.

총의 탄환에 해당하는 것이 바로 경영 자원이다. 약자는 경영 자원을 조금 밖에 갖고 있지 않다. 경영 자원이 빈약하다는 것은 탄환이 적다는 것을 의미한다. 그 적은 양의 탄환을 더욱 더 분할해서, 이것저것 다 하려는 생각으로 욕심을 부렸다가는 경영상의 성과를 올릴 수가 없다. 약자는 경영력의 분산을 피하고 항상 "1점 집중주의"로 일에 임해야 한다. 이것을 군함의 포격전으로 설명해 보기로 하겠다.

독일은 강력한 전함 비스마르코호를 1940년에 완성시켰다. 배수량은 4만 1700톤이고, 38cm의 주포 8문과 15cm의 부포 12문을 탑재하고 있었다. 제2차 세계대전 말기, 비스마르코호는 기사회생을 이룩하기 위해 출격 기회를 엿보고 있었다. 북대서양으로 출격하여 미국에서 영국으로 향하는 수송선단을 격침시키려고 했던 것이다. 그러나 영국은 정찰망을 사방에 둘러쳐서 비스마르코호의 위치를 알아냈다.

영국은 전함 푸드호를 기함으로 삼고 전함과 순양함을 집결시켜서 결전에 나섰다. 비스마르코호의 요함은 1만톤 가량의 소형 전함 1척 밖에 없었으므로 불과 2척으로 싸움을 해야 했다. 병력수는 1 대 3. 전력으로 보아 비스마르코호는 명백히 열세이고 약자였다. 이때 비스마르코호의 함장은 포수를 향해 어떤 지령을 내렸겠는가(표 13)?

8문의 주포와 12문의 부포를 몇 개로 나누어서 각 함선에 포격을 명했겠는가?

그렇게는 하지 않았다. 적의 최전선에 있는 전함에 포화를 집중시키라고 명령했다. 2회째의 포격전에서 영국의 메인 전함인 푸드호에 명중하여 격침시켰던 것이다.

[표 13] 비스마르코호의 함장은 어떻게 명령했는가?

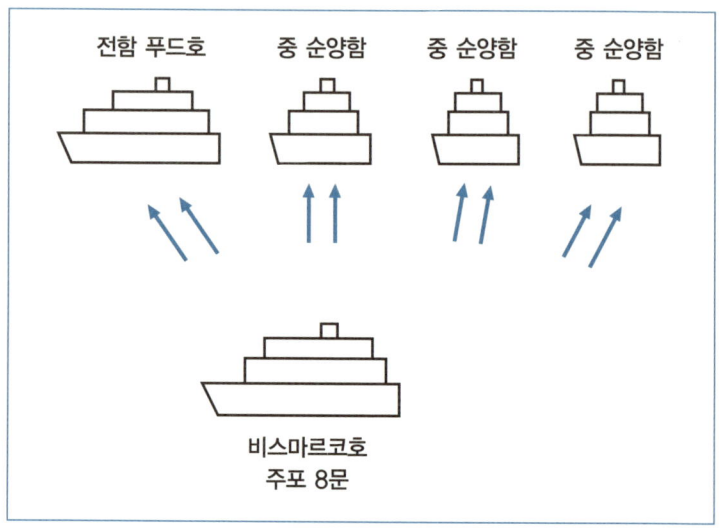

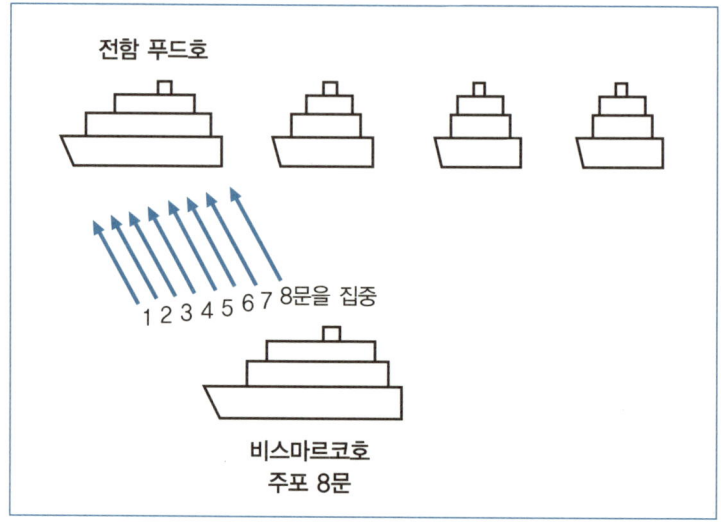

영국 측에서는 전함 푸드호의 웅장한 모습을 뉴스 영화로 만들기 위해 2번 전함에 카메라맨을 승선시켜 포격전 상황을 촬영하고 있었다. 이 뉴스 필름은, 비스마르코호로부터 날아온 포탄이 화약고에 명중하여 한순간에 대폭발을 일으키면서 침몰하는 생생한 기록 영화가 되어 버렸다. 이것을 본 후속 전함들은 연막을 치면서 도망쳤던 것이다.

독일의 비스마르코호와 영국의 푸드호의 싸움은 비스마르코호의 승리로 끝났다. 열세인 비스마르코호는 전력을 분산시키지 않았다. 중점주의, 1점 집중주의의 "목적타"로 대결했다. 그것이 승리의 요인이었다. 영국군의 군함에 포위당할 뻔한 비스마르코호의 함장은 "약자의 전략"을 지켰던 것이다. 그러나 그 뒤 비스마르코호는 어뢰를 실은 비행기로부터 집중 공격을 받고, 바다 밑바닥에 가라앉고 말았다.

이것을 경영에 그대로 적용하여 설명할 수도 있다. 작은 힘을 분산시키면 더욱 약해진다. 약자는 중점주의, 1점 집중주의와 목적타를 정해야 한다.

약자의 부분 No.1 주의

어느 분야를 보더라도 No.1인 회사가 가장 강하다. 경영도 안정되어 있다. 그러나 중소기업에서는 그렇게 손쉽게 No.1이 될 수가 없다. 우선 시장을 세분화하고, 일을 하기 쉬운 분야나 이기기 쉬운 분야를 찾아낸다. 그리고 거기에 중점주의, 1점 집중주의로 힘을 투입한다. 특정한 분야에 힘을 집중하여 물량적으로 운영한다면, 우위에 설 수가 있고, 이윽고 그 분야에서는 No.1이 될 수 있다. 이것을 약자의 "부분 No.1 주의"라고 한다. No.1을 만들기 위한 경영 전략상의 분야는 크게 4가지로 나눌 수 있다.

〈경영 전략의 4가지 분야〉

① 영업 분야……영업력과 시장 점유율

② 상품 분야……취급하는 상품과 비장의 상품

③ 재무 분야……자기자본 비율과 총자본 회전

④ 조직과 인재 분야……경영 방침의 이해와 일 중심의 직장

이 네 가지 분야에서 업계 No.1이 되기 위한 목표를 세워야 한다. 어느 것이나 전부 없어서는 안 되는 것이며, 모

두 서로 관련되어 있다. 이 네 가지 분야 가운데서 우선순위를 매겨서 하나씩 개선해 나간다. 그렇게 해도 그 분야의 No.1이 되는 것은 쉽지 않다. 따라서 다시 각 분야를 나누어 작은 분야에서부터 No.1이 되도록 개선해 나가야 한다.

● 상품의 중점주의

상품의 중점주의를 설명하기 위해 먼저 상품의 구색을 갖춘다는 것에 대해 생각해 보자. 전쟁에서 적이 반년 후에 탱크 1,000대로 공격해올 것이라는 정보가 들어왔다. 그러나 이쪽은 약자의 나라이기 때문에 탱크의 보유수가 150대밖에 안 된다. 지금부터 아무리 노력을 해도 탱크를 50대밖에 생산할 수가 없다. 이래서는 탱크 1,000대 대 200대의 싸움이니까 승산이 없다.

어떻게든 승기를 잡으려면 그 예산으로 적의 탱크에 대항할 수 있는 양의 대전차 미사일을 만들어 내는 수밖에 방법이 없다. 한정된 조건에서, 어떤 무기를 선택하는가는 가장 많이 생각해야 하는 문제이다. 이 무기 선택에 해당하는 것이 "상품의 구색"이다.

가고시마의 상점가를 견학했을 때의 일이다. 중앙부에 넓은 매장 면적을 가진 구두소매점 A가 있고, 그 옆에는 구두소매점 B가 있었다. 매장 면적은 얼핏 보아서 "4 대 1"로 A점포 쪽이 넓었다. B점포는 매장 면적에서는 두말할 것도 없이 불리했다. A점포를 강자라고 한다면 B점포는 약자였다.

그런데 구두의 구색을 보면, 강자인 A점포는 신사용과 여성용과 아동용의 풀 라인 시스템이었다. B점포도 똑같이 풀 라인 시스템이지만, 매장 면적이 좁기 때문에 구색이 떨어졌다. 발의 사이즈별, 디자인별, 색상별 중 어느 것 하나 만족스럽게 재고를 갖고 있지 못했다. 같은 입지 조건에서 같은 상품을 갖추어 놓고 있지만 어느 것이나 다 뒤떨어져 있었다. 이러한 경우가 가장 안타깝다. 그렇다면 B점포는 어떻게 하면 좋은가?

중점주의라는 것은 잘라 버리는 것이기도 하다. 신사용, 여성용, 아동용 중 어느 것인가 하나로 압축하지 않으면 안 된다. 그래서 여성용과 아동용을 과감히 잘라 버리고 신사용에 집중하기로 한다. 이래도 아직 불리하다. A점포의 신사화 매장보다 B점포의 매장 스페이스가 좁기 때문이다. 한 가지에 집중해도 A점포와 똑같은 방식이라면 종합력에서 지게 된다. 그렇다면 B점포가 이기려면 신사용 중에서 무엇인가를 세분화하지 않으면 안 된다. 신사용을 발 사이즈로 나눈다. 가령, 27센티미터 이상의 큰 발에 딱 맞는 구두는 찾기가 어렵다. 그리고 24센티미터 이하의 구두도 찾기가 어렵다. 큰 발과 작은 발 모두 딱 맞는 구두를 찾기란 여간 힘든 일이 아니다. 그러니까 특수 사이즈에 초점을 맞추는 것이다. 그리고 큰 발과 작은 발의 구색을 A점포보다 많이 갖춰 놓으면 된다. 그러나 이것만으로도 안 된다. 판매방식도 바꿀 필요가 있다. "우리 가게는 큰 발과 작은 발을 위한 맞춤 구두 전문점입니다"라고 고객에게 알리지 않으면 안 된다. 더구나 특수한 목적의 상품이므로 자칫 잘못하면 자금 회전이 되지 않고, 불특정한 고객을 상대로 하다가는 도산할 우려가 있다.

큰 발을 가진 사람과 작은 발을 가진 사람, 그리고 발 모양이 이상하게 생긴 사람의 명부를 부지런히 만든다. 이 명부 작성이 성공과 실패의 갈림길이 된다. 큰 발을 가진 사람은 큰 발의 친구를 반드시 몇 사람인가 알고 있을 것이다. 서로 비슷한 곤란을 겪고 있기 때문이다. 또, 가게에 찾아온 고객들에게 발 모양이 이상해서 고생을 하고 있는 사람을 소개시켜 달라고 부탁한다. 사무실을 찾아 돌아다니면서 경품이 붙은 앙케트로 고객의 명부를 불려 나간다. 이렇게 해서 불특정의 고객을 특정화한다. 그리고 1년에 3~4회쯤 편지를 보내서 고객과 사이가 좋아지게 되면 목적한 바가 성공할 것이다.

"큰 발과 작은 발의 고민은 우리 가게에서 해결해 드립니다"하는 목적으로 나간다면, 고정 고객이 광범위하게 생겨날 것이 틀림없다. 그렇게라도 하지 않는다면 같은 입지 조건에서 마주보고 있는 매장과 4 대 1의 매장 면적 상태에서는 게임 자체가 되지 않는다.

저쪽에서는 술을 마시고 있을 때, 이쪽은 물밖에 마실 수가 없다. 저쪽에서는 밥을 먹고 있을 때, 이쪽은 죽밖에 먹을 수가 없다. 그리고 저쪽이 죽을 먹기 시작하면 이쪽은 손가락을 물고 쳐다보고 있을 수밖에 없다. 그것이 싫다면 무엇인가 손을 쓰지 않으면 안 된다.

자기 점포의 존재 이유를 분명히 하려면 취급하는 상품의 중점주의를 채택해야 한다. 그리고 그 분야에서 이겨야 한다. 이것이 궤도에 오르면 이익이 발생하고, 이익을 모아서 다음에 매장을 넓히고 상품의 폭도 넓혀 나간다. 이렇게 일단은 중점주의로 승기를 잡는 것이 가장 중요하다.

중점주의의 반대는 겸업(兼業)이다. 업계 경력이 5년 미만이나 3년 미만인데도 불구하고 겸업을 하게 되면 오래 가지 못한다. 설사 업계 경력이 오래 되었어도 근처의 같은 업종의 점포에 비해 매장 면적이 좁은 가게라면 중점주의로 나가지 않으면 안 된다.

동일한 상품을 취급하고, 매장 면적이 30% 미만의 차이라면, 상품 밀도를 높이거나 입체적인 방식으로 대응할 수가 있다. 그러나 30% 이상 차이가 나면, 같은 방식으로는 통하지 않으니까 중점주의를 택할 수밖에 없다.

이것은 소매업과 제조업에도 해당된다. 경쟁 상대보다 전투 능력이 약한 회사가 상품의 폭을 넓히는 종합주의를 채택하면 틀림없이 망한다.

●독립할 때에는 한 가지 업종으로 좁혀라

업계 경력이 얼마 되지 않는 회사의 겸업은 성공하지 못한다. 업계 경력도 짧고, 기업의 힘도 아무것도 없는데다가 본업이 무엇인지도 알 수 없는 경우 그 회사의 도산 가능성은 매우 높다. 약자 중의 약자가 바로 이것저것 다해 보려는, 욕심이 지나치게 강한 사람이다. 중점주의로 한 가지 업종에 집중해도 성공할 수 있을지 알 수 없는 것이 세상 이치이다.

전략을 갖고 있지 않은 경영자는 취급 상품을 많이 늘리면 여러 개 중 하나라도 잘 나가겠지 하는 생각을 갖는다. 그러나 각 상품마다 선발업자가 있다. 그 선발업자 이상의 상품 지식이나 영업력을 발휘하지 않으면, 후발업자로서는 불리한 싸움을 하게 된다. 취급 상품을 무턱대고 넓히면 그만큼 경쟁 상대가 증가하고, 자신의 힘은 상대적으로 저하되게 된다.

문제는 경쟁자와의 "상대적인 힘의 비례"이다. 전략을 갖지 않은 경영자는 이것을 알지 못한다. 결국, 어느 것을 비교해 보아도 선발업자보다 뒤떨어지는 것은 불 보듯 뻔한 이치인 것이다.

나는 컨설턴트를 업으로 하고 있어서 많은 샐러리맨들이 독립에 대한 상담을 하러 자주 찾아온다. "그렇다면 어떤 상품을 판매할 예정입니까?" 하고 물어보면, 그 사람이 성공할지 어떨지 대충 판단할 수가 있다. 하나의 상품을 명확하게 정하고 있는 사람은 성공한다. 그러나 세 종류나 네 종류의 서로 다른 상품을 판매하려고 하는 사람은 우선 가망이 없다. 이보다 더 가망성이 없는 사람은, "독립은

하고 싶은데 무엇인가 좋은 상품은 없겠습니까?"하고 물어보는 경우이다.

어떤 상품이든 경쟁 상대가 있다. 상품을 사는 사람들에게 박력 있게 설명이나 설득을 하려면, 여러 해 전부터 시간을 쪼개서 판매할 상품을 연구해 둘 필요가 있다. 상품을 결정하지 않은 경우에는, 이 연구가 부족하기 때문에 박력과 자신감이 없게 된다. 그렇다면 독립하고 싶은 사람들은 어떤 생각으로 취급하는 상품을 정하면 좋은가?

(1) 가위바위보의 "바위"로 시작하라

취급하는 상품을 한 가지로 압축한다. "가위바위보"로 말한다면 바위로 독립한다. 좁은 범위에 힘을 집중시킴으로써 힘을 북돋운다. 그리고 짧아도 7년은 공을 들여야 한다. 그 동안에 어떤 판매 지역에서든 강한 지역을 만들어 낸다. 독창성 있는 판매방식이 1~2년에 확립될 리가 없다. 3년이면 남들과 같아지고, 5년이면 중위권에 들어서고, 상위권에 들어가려면 7년은 필요하다.

신규 사업으로 다각화하는 경우에도 마찬가지다. 본사 쪽에서는 선발의 고참 기업이라 하더라도 신규 사업 쪽은 신참의 약자인 셈이다. 약자는 약자답게 행동하지 않으면 실패하기 쉽다. 신규 사업이 성공하느냐 실패하느냐는 인사에 달려 있다. 옛날부터 해오고 있는 본사의 간부와 사원을 신규 사업에서 겸임을 시킨다면 성공할 가능성이 없다. 겸임으로는 성공하지 못한다. 인사도 중점주의로 전임(傳任)시켜야 한다. 그리고 약자의 발상이 유지될 수 있도록 사무실도 옮긴다. 사무실은 될 수 있는 대로 낡고, 좁고, 초라한 곳이 좋다.

(2) 가위바위보의 "보"로 넓혀라

한 가지 상품에 7년 이상 공을 들이면, 그 나름대로 강한 판매지역도 생겨나고, 회사의 실력도 어느 정도 커졌다. 이렇게 되면 취급하는 상품의 폭을 서서히 넓혀 가도 좋다. 업종에 따라서는 업계의 성장이 멈추거나 조정 국면에 들어가는 경우도 있기 때문에, 그러한 시장의 환경을 잘 살펴서 그전부터 관심을 갖고 있던 아이템부터 사업을 넓혀 나간다. 주먹에서 보로 전개하는 것이다.

다각화를 꾀함에 있어, 어느 것을 채택해도 꼴찌만 하고 항상 패배만 당하고 있는 칠칠치 못한 성적을 가진 회사는 다각화할 자격이 없다. 운동회에서는 꼴찌라도 참가상을 주지만 경영에서는 참가상을 주지 않는다. 참가상은커녕

거액의 손해만 초래할 것이다. 이기는 회사만이 다각화의
자격이 있다는 것을 명심하기 바란다.

(3) 가위바위보의 "가위"로 잘라내라

다각화로 상품의 폭을 넓혀 보았지만 잘 되지 않을 때에
는 큰맘 먹고 잘라낸다. 가위로 잘라내는 것이다. 중점주
의란 과감히 잘라내는 것을 의미하기도 한다. 잘 팔리고
있는 상품은 남겨 두고, 그것에 힘을 집중해서 신장시켜
나간다. 이것을 되풀이하는 것이 취급 상품 구성의 기본적
인 사고방식이다.

바위, 보, 가위 ─ 이것은 고 다오카 노부오 씨가 고안해
낸 약자의 "필승 가위바위보 법칙"이다. 취급 상품은 경쟁
력이 있는 상품의 입수에 노력할 것, 상품 판매의 폭은 중
점주의로 좁힐 것, 정해진 범위 안에서는 어디와 경쟁해도
지지 않을 만한 구색을 갖출 것, 절대로 무관한 상품은 취
급하지 말 것. 이것이 바로 가위 바위 보로 이기는 법칙이다.
경영 전략을 실천함에 있어서 이 중점주의의 응용을 항
상 생각하라. 중점주의를 배경으로 한 No.1 만들기가 약
자의 전략의 근본이기 때문이다.

약자는 총력의 70%를 고객 확보에 투입해야 한다

다른 사람의 속마음으로 들어가라. 그리고 다른 사람으로 하여금 당신의 속마음으로 들어오도록 하라. – 아우렐리우스 –

● 주된 목적에 능력의 70%를 돌려라

란체스터 법칙을 바탕으로 해서 양에 70, 질에 30의 비율로 하면 최대의 성과가 생겨난다는 것을 알았다. 경영에서 양의 분야란 영업에 해당한다. 이것을 영업사원으로 대체하여 생각해 보기로 하자.

영업사원이 영업력을 최대로 만들기 위해서는 능력과 시간을 어떻게 배분하면 좋을까? "방문 면담건수"에 70%를 배분하고, 계획과 작업 준비를 포함한 "영업기술"에 30%를 투입한다.

영업성과의 70%는 "면담건수"로 정해지기 때문이다. 입사하고 5~6년이 지났는데도 매상이 오르지 않는 영업사원이 있다. 그 원인의 70%는 방문건수의 부족에 있다.

방문건수가 늘어나지 않는 이유는, 첫째는 사내에 있는

시간이 지나치게 길기 때문이다.

둘째는 회사 밖으로 나오기는 하지만 다방에 들어가거나 오락실에서 땡땡이를 치고 있기 때문이다.

셋째는 한 곳의 방문처에서 대화가 너무나 길어지기 때문이다.

넷째는 넓은 지역을 지나치게 많이 담당해서 이동시간이 너무 많이 걸리기 때문이다.

원인이 무엇이든 간에, 매상을 올리지 못하는 사원은 면담건수가 적다. 이것은 회사 경영에도 해당된다. 경영의 70%는 "영업력"에 의해서 결정된다. 어찌된 일인지 영업을 등한시하는 회사가 있는데, 영업력이 약한 회사는 성장할 수가 없다.

경영의 본질처럼 얘기되고 있는 "매니지먼트(management = 관리)"는 30% 밖에 안 된다. 즉, 관리에는 크게 2가지 대상이 있다. 관리의 첫째 대상은 고객인데, 한 사람이라도 더 고객을 만드는 일에 회사 능력의 70%를 돌려야 한다. 사장은 자기 회사의 상품을 사용해 주는 고객이나 상품을 계속적으로 구매하는 고정 고객의 사정을 알기 위해 "관리 능력의 70%"를 할애해야 한다.

사업 경영이 성공하느냐 실패하느냐는 이용자가 지금

무엇을 필요로 하고 무엇에 불편을 느끼고 있는가를 파악하는 데 달려 있다. 회사 힘의 70%는 금고에 1엔이라도 많이 들어오는 활동에 돌려야 한다. 자사가 판매하는 "상품"과 고객이 가진 "화폐"가 "교환"될 때 비로소 이익이 생겨나기 때문이다. 팔리지 않으면 이익은 생겨나지 않는다. 상품을 구매하는 고객이 많아지지 않는 한 회사의 장래는 위태롭다.

관리의 둘째 대상은 내부 관리이다. 내부 관리의 중심은 경영 관리와 노무 관리일 것이다. 취업 규칙도 내부 문제다. 취업 규칙은 "사원들은 ……을 해서는 안 된다"는 식의 내부 물건이다. 이것도 필요하겠지만 어차피 만들어야 할 바에야, "돈벌이를 위한 취업 규칙"을 만드는 것이 좋다. 그런데도 이런 취업 규칙을 구경해본 적이 없다. 시판되고 있는 취업 규칙은 도산할 걱정이 없는 대학교에서 강의하고 있는 교수들이나 노동 감독국에 있는 사람들이 만든 것을 모델로 삼고 있다.

이래서는 좋은 회사가 될 수 없다. 회사 내부에 대한 규칙은 30%로 하고, 고객을 한 사람이라도 더 만드는 것과 고객을 소중히 하는 마음가짐의 규칙에 70%를 배분하면, 그 회사는 반드시 성공한다 (표 14 참고).

[표 14] 7:3의 법칙의 전개는

파 워	= 양의 분야^2 70%	×	질의 분야 30%
⇓	⇓		⇓
회사의 성과	= 영업력 이용자 관리 70%	×	내부 관리 매니지먼트 30%
⇓	⇓		⇓
영업 성과	= 방문 면담 건수 70%	×	영업 기술 30%
⇓	⇓		⇓
매 상	= 고객수 70%	×	고객 단가 30%
대중 레스토랑			

● 대중 레스토랑은 고객수가 70%

대중 레스토랑의 매상을 결정하는 데는 고객수가 70% 를 차지한다. 1인당 고객단가는 30%이다. 고객수가 많아 지면 매상의 신장에 반해서 고객단가는 떨어지게 된다. 매 상은 답보 상태인데 고객단가가 상승하고 있으면 위험이 닥치고 있다고 보아야 한다. 그 원인은 고객수가 줄고 있 기 때문이다. 고객수가 마이너스된 만큼 단가를 올려서 일 시적으로 커버할 수는 있겠지만, 그 반동으로 매상이 떨어 지는 것이 보통이다.

대중을 상대로 하는 장사는 고객수를 항상 중시할 필요 가 있다. 스낵바도 마찬가지다.

중시해야 할 것은 고객수와 고객을 소중히 하는 마음가짐

경영상 부동산이나 기계 설비는 재산이다. 부동산은 자금을 조달하는 데 뒷받침이 되고, 만일의 경우에 비장의 카드가 되기도 한다. 기계와 설비는 분명히 소중한 재산임에는 틀림이 없지만, 가장 중요한 재산은 고객이다. 고객이 없어지면 아무리 토지나 설비가 있어도 도움이 안 된다. 그것을 활용할 수가 없기 때문이다. 고객을 갖고 있으면 토지나 물건이 임대한 것이라 하더라도 경영은 계속해 나갈 수가 있다. 누구나 다 알고 있는 일이지만, 경영에서는 고객이 하느님인 것이다.

경영에서는 "관리"라는 말이 자주 사용된다. 조직상 "관리직"이라는 포스트도 있다. 그렇다면 이 관리직은 "무엇"을 관리하는가?

보통은 내부 관리가 중심일 것이다. 관리한다기보다는 오히려 종업원을 "감시"한다고 생각하고 있는 관리자도 있는데, 그런 사람을 "간수형"이라고 한다. 영업 관리도 자칫하면 매상의 결과만 보기 쉽다. 매상이 몇 % 늘었는가, 몇 % 줄었는가, 혹은 외상 대금의 회수는 얼마나 되었는가를 파악하는 관리도 틀림없이 필요할 것이다.

그러나 프로 관리자는 자사의 상품을 구매하는 고객에게 관심을 나타내고, 그리고 고객의 요구사항과 그 변화를 관리한다. 자사의 상품이 고객에게 정말로 도움을 주고 있는가? 고객이 자사의 상품에서 무엇인가 불편을 느끼고 있지는 않은가? 경쟁 상대에 비해서 서비스가 부족하지는 않은가? 경쟁 상대는 어떤 식으로 영업을 하고 있는가? 이와 같이 고객의 입장과 경쟁 상대의 입장에 서서 바라보는 것이 참다운 영업 관리다. 그러기 위해서는 정기적으로 고객을 순회 방문해 보지 않으면 알 수가 없다. 가짜 관리자는 간수형에 만족하고, 이런 부분에 대해서는 무관심하다.

토지나 기계 설비의 관리는 관리대장을 만들어서 엄중히 관리하고 있다. 장부에 계상되어 있는 비품을 누군가가 회사 밖으로 들고 나가거나 하면 난리가 난다. 그러나 상품을 항상 이용해 주고 있는 고객에게 사원이 무례를 범해서 소중한 고정 고객을 잃어 버렸거나, 혹은 고객이 요구하는 상품의 제공을 등한시하거나 서비스가 나빠서 경쟁사의 상품을 구입하기 시작한 경우, 사내에서 조금은 문제가 되겠지만, 공구나 금전을 도난당했을 때처럼 큰 소동이 벌어지지는 않는다. 사실은 이 경우에 큰 소동을 벌여야 하는데 말이다.

되풀이하는 것 같지만, 이용자의 입장에 서서 자사의 상품은 어떠한지, 영업 방식은 또 어떠한지 등의 업무에 경영의 70%를 쏟아야 한다. 경영이 잘 되느냐 안 되느냐는 이것에 의해서 결정된다.

그런데 이용자의 기분이 어떤가 이용자에게 도움이 되고 있는가, 이용자가 불편을 느끼고 있지는 않은가 등은 "대차대조표"나 장부에는 한 줄도 나타나지 않으므로, 그게 큰 문젯거리다. 이것은 이용자와 면담해 보지 않으면 파악할 수가 없다. 망하는 회사와 잘 안 되는 회사는 이 부분이 결정적으로 결여되어 있다.

우리가 흔히 "대기업병"이나 "관료병"이라고 하는 병은 작은 회사에서도 만연되기가 쉽다. 사내에서 간부가 "관리직, 관리직"하는 말을 남발하기 시작하면, "관료병" 증후군으로 보아도 틀림없다. 아무튼 이 병은 낫기가 힘들고 특효약도 없다. 이런 회사는 앞날이 캄캄하다.

이익은 "자사의 상품과 고객의 돈"이 교환될 때 비로소 생겨난다. 상품과 돈의 교환 현장이야말로 최대의 관리 포인트이다. 고객이야말로 회사에 있어 최대의 재산이라는 것을 잊어버려서는 안 된다. 이것이 경영의 마음이며 창업 정신의 기본 철학이다.

● 최대의 권력자는 상품의 이용자다

상품을 사느냐 마느냐를 결정하는 것은 100% 고객의 권리이다. 판매하는 쪽의 권리는 제로이다. 지갑을 가진 사람이 최대의 권력자인 것이다. 고객은 겉으로는 우아한 얼굴로 웃고 있지만, 마음에 들지 않으면 상품을 사지 않고 가게에도 찾아오지 않는다.

물질적 풍요와 공급 과잉의 시대를 맞이하여 이용자의 권한이 점점 더 강해지고 있다. 어느 누구라도 모두 처음 새로 독립했을 때에는 고객을 한 사람이라도 더 만드는 일에 심혈을 쏟았다. 고객이 무엇을 원하고 있으며, 어떤 서비스를 제공하면 기뻐하는지를 알기 위해 온 정성을 기울였던 것이다.

그러다가 한 10여 년의 경력이 쌓이면 처음의 생각과 결심이 서서히 무너지기 시작하고, 15년쯤 되면 이용자의 소중함을 잊어버린다. 업계 경력이 13년에서 15년쯤 되면 경영자가 고객의 요구를 무시해 버리고 자기중심적으로 되어 매상의 신장이 멈추거나 오히려 떨어지는 회사가 나타나게 된다.

그래서 업계 경력 15년에 매상 신장률 저하설이 나오는 것이다. 업계 경력이 10년을 넘으면 일단 회사의 운영은 본 궤도에 오르기 때문에 이용자의 기분에 대하여 진지해지지 않게 된다. 그 반동이 매상의 저하로 되어 돌아온다. 이렇게 해서 창업 15년의 벽을 극복하기 전에 많은 회사들이 도산해서 전화번호부에서 사라져 간다.

그 원인은 경영의 관심이 고객이 아니라 회사의 내부로 향해져 버리기 때문이다. 경영자는 자신이야말로 최대의 권력자라고 생각하기 시작하고, 대내외적인 공직을 떠맡는 데 자신의 영업력을 돌리기 시작한다. 이렇게 되면 사업에 대한 전념도가 저하되어 경영에 전처럼 진지하게 몰두하지 않게 된다. 종업원도 15년쯤 근무하면 업계 전체를 대충 꿰뚫어 보게 되고, 사내 사정에도 밝아진다. 나이로 치면 35세쯤 되는데, 35세는 매너리즘의 분기점이다. 고객보다 내부의 인간관계가 우선하는 회사, 상품 이용자의 사정보다 자신의 승진 쪽을 우선시하는 회사는 노래를 잊어버린 카나리아나 마찬가지인 셈이다. 언젠가는 고객들한테 버림을 받게 될 것이다.

경영에서 불변의 원칙은 회사가 가진 힘의 70%를 고객을 위해 쓰는 것이다. 여러분의 직장은 어떠한가? 한 사람의 고객이라도 더 만들기 위해 70%의 힘을 기울이고 있는가?

● 전화 응대는 좋은가, 통화중인 경우가 많지는 않은가?

　도매상이나 메이커에 상품을 주문할 때에는 대개 전화를 이용한다. 영업사원이 정기적으로 순회를 하더라도 추가 주문은 우선 전화로 한다. 이때 전화에 대한 응대를 잘해야 한다. 전화를 받는 태도가 나쁘면 불리해지는 것은 누구나 다 아는 사실이다. 전화는 첫마디에 승부가 난다.

　수화기를 집어 든 순간에 회사 이름을 먼저 말하는 것은 좋지 않다. 말이 빠르면 더욱 나쁘다. 전화를 걸어 온 사람의 귀가 전화의 목소리에 익숙해지는 데는 1~2초쯤 걸린다. 그래서 즉시 회사 이름을 말하면 상대방 쪽에서는 잘 알아들을 수가 없으니까 반드시 다시 물어온다. 요금을 지불하는 것은 전화를 걸어 온 고객이니까 상대방의 페이스에 맞추어 주어야 한다.

　회사 이름을 두 번 말한다는 것은 응대가 서투르다는 증거다. 처음부터 이러한 것들을 계산에 넣어두는 것이 좋다. "네, 안녕하십니까? ○○ 산업입니다"가 알맞은 간격이다. "네, 안녕하십니까?"를 말하는 동안에 상대방의 귀가 여러분의 목소리에 익숙해졌기 때문이다. 그때 회사 이름을 말하도록 한다. 그 중에는 "○○ 상품으로 고객님들과 함께한지 25주년이 된 00상사입니다"라고 말하는 회사도 있었다. 이것은 너무 길다. 돈을 내고 전화를 건 상대방에게 회사 선전이 너무 길면 오히려 불쾌감을 주게 된다.

일반적으로 외부에서 전화가 걸려 왔을 때, 걸어 온 사람의 이름과 회사의 이름, 용건 등을 묻는다. 이 3가지를 순서대로 천천히 얘기해 주는 사람이라면 괜찮지만, 상대방에 따라서는, "얼른 담당자를 바꿔 달라"고 하는 사람도 있다. 이런 경우에, "용건이 무엇입니까? 용건을 말씀하지 않는다면 담당자를 바꿔 드릴 수 없습니다"라고 하면, 상대방은 벌컥 화를 낸다. 아침처럼 전화가 많이 걸려 올 때에는 전화가 밀리니까 용건을 묻지 말고 즉각 담당자에게 돌려주는 것이 좋다. 그 중에는 용건을 꼬치꼬치 캐묻고 나서, "담당자는 지금 외출하고 없습니다" 하고 퉁명스럽게 대답하는 여사원이 있는데, 고객은 신경질을 내게 된다. 이런 경우에는 처음부터 외출중이라고 말해야 한다.

고객으로부터 전화가 걸려 온 경우, "공교롭게도 담당자가 외출 중입니다. 용건은요?" 하고 말하면, 상대방은 대개 "다시 걸겠습니다" 하고 전화를 끊는다. 그런데 다시 걸겠다고 말한 고객이 다시 전화를 거는 경우는 거의 없다. 대개 걸지 않는다. 한 사람이라도 더 고객을 만들기 위해서는, 부재중에 걸려 온 전화의 고객에게 이쪽에서 먼저 전화를 걸어야 한다. 전화를 걸어 온 고객이 "다시 걸겠다"고 말했다 하더라도, 전화를 받은 사람은 담당자에게 전화 메모를 전해 주어야 한다.

더 나쁜 것은 통화중인 경우가 많은 회사다. 두세 번 걸어서 통화중이라면 고객은 어떻게 생각하겠는가? 통화중인 경우가 많은 회사는 고객을 줄이기 위해 노력하고 있는 것과 마찬가지다.

●처음으로 전화를 걸어 온 고객에 대한 응대

그런데 처음으로 전화를 걸어 온 고객이나 좀처럼 전화를 걸지 않는 고객 가운데는, "공교롭게도 지금 외출중입니다"라고 말하면, 자신의 이름도 말하지 않은 채 끊으려고 하는 사람이 있다. "별로 중요한 용건이 아니라서요"하고 빨리 끊어 버리려고 한다. 정말로 고객의 말처럼 중요한 용건이 아닐까?

전화를 걸으려면 번호를 알아내야 한다. 처음으로 전화를 거는 고객, 혹은 웬만해서는 전화를 잘 하지 않는 신규

고객의 입장에서 생각해 보면, 당신의 회사에 전화를 걸기 위해 전화번호를 찾는 시간과 전화료를 투자하고 있는 것이다. 거기에는 분명 전화를 한 목적이 있을 것이다. 그렇다면 전화를 받은 입장인 회사에서는 담당자가 있든 부재중이든 간에, "사용자의 목적에 응대할 의무"가 있다. 따라서 "다시 걸겠습니다" 하고 상대방이 전화를 끊도록 방치해서는 안 된다. 상대방의 전화번호와 이름을 꼭 물어보아야 한다. 그러나 상대방은 빨리 끊으려고 한다. 이런 경우에는 어떻게 하면 좋은가?

나는 전에 영업사원으로 일하면서, "만일을 위해서 전화번호를 좀 가르쳐 주십시오" 하고 말하면, 대부분의 사람들은 가르쳐 준다는 것을 발견했다. "만일을 위해서"라고 말하면 어찌된 셈인지 모두 저항 없이 가르쳐 준다. 전화번호를 물어본 다음에, "성함은 뭐라고 하셨지요?" 하고 물으면, 즉시 또 이름을 가르쳐 준다. 전화번호를 알려준 다음에는 이름 역시 즉시 가르쳐 준다는 것을 알게 되었다. 여기에 덧붙여서 용건을 알아낼 수 있다면 더할 나위 없지만, 상대방에 따라서는 묻지 않아도 된다.

전화를 걸어 온 고객의 전화번호와 이름을 알면 오케이다. 이쪽에서 전화를 걸면 해결되기 때문이다. 여러분의 회사는 이런 식의 전화 응대를 하고 있는 사원이 없는가? 부재중 전화보다 더 질이 나쁜 전화 응대를 하고 있는 사원은 없는가? 이런 사원을 "사절꾼"이라고 하는데, 장사를 사절할 정도로 여유가 있는 회사는 없을 것이다.

● 길을 물었을 때 친절히 가르쳐 주는가?

사람들은 상점이나 회사에 자주 길이나 회사의 위치를 묻는다. 그때 점원이나 여사원이 과연 어떻게 응대하느냐가 문제다. 길은 쉴 새 없이 물어보면 짜증이 날 것이다. 그러나 큰맘 먹고 친절하게 대답해 주면, 회사의 이미지를 상승시키는 효과가 있다. 그 지역 지도를 복사해서 찾기 쉬운 곳에 놓아둔다. "이 근처에 있는 00씨의 집을 혹시 모르시겠습니까?" 하고 물어보면, 지역 지도를 얼른 꺼내서 찾아준다. 장소는 알았지만 길을 알기가 어려울 때에는 찾아가는 길을 메모해 준다. 모퉁이 곳곳에 위치한 가게 이름이나 개인의 이름을 써준다.

점포수가 많아지고 경쟁력이 심해지고 있다. 주위가 온통 경쟁자로 말 그대로 적과의 동침을 하고 있는 세상이다. 이런 세상에서 한 사람의 고객이라도 자기편을 만들어 두면 그 자체가 강한 경쟁력이다.

이것은 반대로, 자기 회사나 점포를 찾아오는 고객이 찾아오기 쉽도록 알기 쉽게 설명해 주어야 한다는 의미도 갖고 있다. 회사 부근에 은행이 있다면, 명함이나 봉투의 주소란 밑에 괄호를 하고 00은행 00지점 뒤나 맞은편이라고 적어두어야 한다. 고객에게 "길을 잃게 할 권리"는 회사에 없다. 이것을 잊어서는 안 된다.

나의 경우를 소개하겠다. 내 사무실은 맨션 안에 있다. 현청 소재지의 중심가여서 맨션은 그야말로 수도 없이 많기 때문에, 00맨션이라고 해서는 알 수가 없다. 또 근처의 다방이나 점포에 가서 내 사무실을 물어보아도 아무도 아는 사람이 없을 것이다.

그래서 명함과 봉투의 주소 다음에, "장소는 니시네츠 약방 건널목 하카다 쪽 아사히소고에서 구부러짐. 바로 이데미츠 주유소, 후쿠센 병원 왼쪽으로 구부러져 100미터 왼쪽에 있는 흰색 맨션입니다"라고 인쇄했다. 강연에서 나의 경우를 이야기했더니, "그것 참 좋은 아이디어로군요"하고 말하는 사람이 있는가 하면, 명함의 인쇄가 복잡해진다든가, 이것저것 흠을 잡는 사람도 있었다. 명함은 상대방을 위해서 만드는 것이다. 따라서 명함을 받은 상대방이 사용하기 쉽도록 만드는 것이 중요하다. 자신의 형편이 아니라 상대방의 형편을 생각할 때 비로소 "고객 만들기"가 가능해지는 것이다.

또한 대중을 상대로 하는 장사나 소액 거래를 하는 고객을 많이 모아야 경영이 이루어지는 사업을 할 때에는 명함에 "얼굴 사진"을 싣는 것이 좋다. 주소록의 1차적 원부가 바로 명함이기 때문이다. 명함에 사진을 인쇄해 놓으면 고객이 기억을 해주기 때문에 좋다. 다만 이것은 어디까지나 영업용 명함이다. 그러나 대기업의 간부를 만날 때나 은행에 대출을 받으러 갈 때에는 흰색 명함이 좋다.

명함에 우편번호를 써놓지 않거나 주소를 대충대충 기재해 놓거나, 회사에 찾아오는 데 편리한 목표물도 써놓지 않은 명함이 얼마나 많은가! 이래서는 경영이 잘 될 턱이 없다.

경영은 한 가지 방법만으로 성공할 수가 없다. 위와 같은 작은 행동들을 하나하나 축적해 나갈 때 비로소 성공할 수 있다.

약자는 장시간 노동에 철저하고 필승의 12시간, 압승의 14시간을 투입해야 한다

성공하는 사람들이란 자기가 바라는 환경을 찾아내는 사람들이다. 발견하지 못하면 자기가 만들면 된다. – 조지 버너드 쇼 –

모든 경영 자원이 부족한 중소기업

경쟁시장 속에서 유리한 고지에서 승리할 수 있느냐 없느냐를 결정하는 것이 바로 "경영 자원"이다. 경영 자원은 바꿔 말하면 "기업간 경쟁 무기"에 해당된다. 성능이 좋은 무기를 많이 갖고 있으면 유리해지는 것은 당연하다. 그러므로 약자가 가지고 있는 경영 자원에 대해서 생각해 보기로 하자.

(1) 자본금 X

기업간 경쟁의 유력한 무기가 되는 것은 자본금이다. 자본금은 5억 엔 이상이면 합격이다. 3억 엔이라 하더라도 일단은 합격이다. 주식 상장기업의 자본금은 5억 엔 이상으로 되어 있다. 자본금의 힘으로 경쟁을 유리하게 전개시키려고 한다면 이 정도는 필요하다.

그러나 자본금이 5억 엔 이상 되는 회사는 전국 법인 가운데 0.25% 밖에 안 된다. 다시 말하면, 자본금 강자라고 할 수 있는 기업은 1000개 중 2~3개 회사밖에 안 되는 것이다. 어쨌든 중소기업은 자본금이 적은 편이다. 5백만 엔 이하의 중소기업이 64%이고, 5백 만 엔에서 1천만 엔까지가 18%이다. 다시 말하면, 1천만 엔 이하가 82%를 차지하고 있는 것이다. 5천만 엔 이하는 97.5%이고, 1억 엔 이하이면 99%가 된다. 샐러리맨 1세대의 평균 저축액보다도 이하인 회사가 70%나 차지하고 있다. 그래도 자본금은 자본금이지만, 분명히 말하면 허울뿐인 자본금에 지나지 않는다. 회사의 99%는 "자본금 약자"이니까 이것도 ×이다.

(2) 낮은 자기자본 비율

자기자본은 [자본금＋잉여금]이기 때문에 잉여금이 많으면 문제가 없다. 회사를 움직이고 있는 모든 자금, 즉 총자본에서 차지하는 자기자본의 비율을 "자기자본 비율"이라고 부른다. 자기자본 비율이 30%를 넘으면 자금 운영이 좋아지고, 35%가 되면 실질 무부채 경영을 할 수가 있다. 그리고 40%를 상회하면 재무상 안정이 되고 강자가 될 수 있다. 여유자금을 이용한 채권 운영으로 이자를 벌어들이려면 자기자본 비율이 35% 이상은 되어야 한다. 그러나 중소기업과는 거리가 먼 이야기다. 채권 운용은커녕 지불어음의 결제와 부채로 허리가 휘는 부채 콘크리트 회사가 더 많다. 따라서 자기자본 비율도 ×표가 붙는다.

(3) 자금 조달력 X

자기자본이 적더라도 은행으로부터 금리가 가장 낮은 자금을 조달할 수 있으면 된다. 그러나 중소기업으로서는 그림의 떡이다. 대출 담보로 맡겨 놓은 고정 예금의 실질 금리가 샐러리맨의 주택 융자금과 별차이가 없다.

은행은 중소기업에 얼마든지 돈을 빌려가라는 제스처는 쓰지만, 막상 대출하려고 하면 싫은 얼굴을 한다. 부동산 담보가 없는 한, 회사의 신용만으로 낮은 금리로 대출을 받을 수 있는 회사는 드물다. 설사 대출해 준다 하더라도 금액은 얼마 되지 않는다. 따라서 이것도 ×표다.

(4) 강한 상품력 X

메이커는 강한 경쟁력을 가진 상품을 개발하면 유리해 진다. 중심 상품이나 주변 상품도 특허로 방위할 수 있으면 이익이 생기게 된다. 그러나 이것은 원한다고 해서 금세 이루어지는 일이 아니다. 피나는 상품 개발 노력을 해도 손에 들어올지 어떨지 알 수가 없다. 그러는 동안 선행 투자 자금은 많이 들어간다. 벤처 비즈니스의 성공 사례도 있으나, 기업수를 조사해 보면 극소수에 지나지 않는다.

소매업이나 판매 도매업에서는 경쟁력이 있는 상품을 손에 넣는 것이 용이하지 않다. 자신이 손에 넣은 상품은 라이벌 회사도 즉각 입수해서 판매하기 때문에 차별화가 상실되어 버린다.

대기업이 로봇에 의해서 대량으로 생산해 내고 있는 상품은 누구나 판매를 할 수 있는 시대이기 때문에 강점이 되기 힘들다. 업종 중에서 기업수가 가장 많은 건설업에서는 차별화하기가 더욱 어렵다. 좋은 디자인을 생각해 내도 금세 흉내를 내버린다. 신공법을 개발하더라도 하청 회사를 통해서 다른 회사가 얼른 모방을 해버려서 차별화하기가 어렵다. 중소기업에서는 상품력을 배경으로 경쟁을 유리하게 전개했다고 하더라도, 엄청난 노력 없이는 성과를 거둘 수가 없다. 따라서 이것도 ×표다.

(5) 시장 점유율 X

시장 점유율은 경영 자원 가운데서 가장 가치가 있다. 대차대조표에는 오르지 않지만 상품이 계속해서 팔려 나가는 구조의 "무형가치 장치"이다. 이 장치는 엄청난 경비를 들여서 오랫동안 쌓아 올린 재산이다. 만들어 낼 때의 비용은 모두 경비로 손금 처리되어 있으니까 결산서에 자산으로 오르지 않는다. 또 시장 점유율이 몇 %인가에 대해서는 시장을 돌아다녀 보아도 표시되어 있는 것도 아니고, 지도에 그려 있는 것도 아니니까 골칫거리다. 그러나 기업 경영은 "경쟁"이다.

"경쟁시장의 지배력"을 가장 중시할 필요가 있다. 시장 점유율이 26% 이상이 되고 2위와 1대 0.6 이상 벌어져 있으면, 일단 강자로서 돈이 생기는 근원을 가진 것이 된다.

그러나 중소기업 중에서 이 조건에 합격하는 회사는 극소수다. 많은 회사는 이것에도 ×표가 붙는다.

(6) 인재와 조직 X

지금은 약자라 하더라도 좋은 인재를 확보하면 차츰 좋아질 가능성이 커진다. 그 만큼 장래가 밝다. 그러나 중소기업에는 마음먹은 대로 인재가 모여들지 않는다. 유명 기업에는 회사 견학일이 되면 행렬이 줄을 잇는다. 그 중에는 전날부터 근처 여관에서 자고 오는 학생도 있다.

중소기업에서는 회사 견학일이니까 누군가 와 주겠지 하고 생각해도, 한 사람도 찾아와 주지 않는다. 아침에 문을 열었더니 사람들이 줄지어 있다면 아마도 그것은 빚쟁이들일 지도 모른다. 따라서 이 분야도 ×표다.

(7) 입지 조건 (소매업과 서비스업) X

소매업이나 서비스업에는 입지 조건이 커다란 경영 자원이다. 같은 입지 조건이 두 개 존재하지는 않기 때문이다. 그러나 중소기업은 1등의 입지조건이 탐난다 하더라도 손에 넣을 수가 없다. 대부분 1등지는 대기업이 자금을 앞세워 이미 확보해 놓고 있기 때문이다. 따라서 이것도 틀렸다.

이상의 어느 것을 들어 보아도 결국 제대로 된 무기를 가질 수 있는 것이 아무것도 없는 것이 중소기업의 실정이다.

활용시간을 길게 하라

이와 같이 중소기업은 경영 자원만을 배경으로 경영을

해 나가서는 안 된다. 살아남기 위해서는 일하는 시간양을 끌어 올리는 수밖에 방법이 없다. 시간도 경영 자원의 하나이다.

"장시간 노동"은 훌륭한 무기이다. 시간은 경영 자원의 레벨에 관계없이 평등하게 주어져 있다. 24시간은 24시간인 것이다.

경영 자원 가운데 완전히 평등한 것은 오로지 시간밖에 없다. 경영 자원으로 보자면 중소기업은 나쁜 조건으로 "포위"되어 있는 것과 마찬가지다. 그것을 돌파하는 데는 "장시간 노동" 밖에 없다. 경영 자원이 부족한 회사가 공무원처럼 일한다면 살아남을 공산은 절대로 없다. 〈투자 저널〉이나 〈도요타 상사〉처럼 필살의 비밀 기술을 갖고 있지 않은 한 살아남을 수 없다. 중소기업의 경영에서는 시간을 어떻게 활용하느냐가 승기를 잡는 중요한 포인트이다.

●작업 능률만으로는 성과를 올릴 수 없다

중소기업은 장시간 노동을 해야 한다고 말하면, 반드시 장시간 노동보다는 "능률을 올리고" "효율이 좋게" 일을 해야 하지 않겠느냐는 반론이 나온다.

분명히 그렇다. 능률을 올리는 것보다 더 좋은 일은 없다. 그러나 일에는 능률을 올리기 어려운 업종도 있다.

직업의 종류는 해마다 늘어나고 있다. 이미 1만여 개 이상의 업종이 있다고 한다. 희귀한 직업이나 들어본 적도 없는 사업이 차례차례로 생겨나고 있다. 많은 업종에는 각각 "산업의 성격"이라는 것이 있으며, 반드시 능력만이 통하는 업종만 있는 것도 아니다(표 15, 16 참조).

[표 15]

성과 / = 투입 시간양 → × 능률 /

[표 16] **업종과 업무 밀도의 관계**

1. 고밀도 산업 ……	자본집약형, 하이테크, 로봇 사용 기업, 전자기기, 초정밀기기 관련 기업
2. 중고밀도 산업 ……	자동화가 진척된 공장, 하이테크의 하청기업, 전자기기의 하청기업, 경공업
3. 중밀도 산업 ……	대형 도매기업, 대형 백화점, 대형 슈퍼마켓, 중고밀도의 하청기업
4. 중저밀도 산업 ……	노동집약형, 건설업, 중소 소매업, 중소 판매업, 서비스업 (모든 영업직을 포함)
5. 저밀도 산업 ……	노동집약형, 1차산업, 농업, 임업, 어업, (날씨에 의해서 큰 영향을 받음)
※ 중밀도 이하의 업종은 능률을 올리는 것만으로는 경쟁에 이기기 어렵다.	

(1) 고밀도형 산업 – 로봇 사용, 하이테크 산업

시간당의 능률을 올려서 성과를 내는 산업이 있다. 전자 관련 업종과 FA화(factory automation = 무인화 : 공장의 생산 기구를 자동화하고 기계화하는 것) 산업은 능률을 올려서 승부할 수 있다. 능률을 높게 유지할 수 있다는 것은 "계획대로 생산할 수 있다"는 것을 의미한다. 나는 나고야의 로봇 메이커 대기업을 견학한 일이 있다. 로봇이 로봇을 만들고 있었다. 초등학교의 체육관 정도로 큰 공장이 몇 동 있었으나 사람은 20명밖에 없었다. 프로그램을 짜 놓으면 인간 없이 로봇이 2일분의 일을 한다. 한 로봇이 어떤 공정의 일을 끝마치면, 무인의 수레가 와서 싣고 다음의 로봇에게 건네준다. 이것이 몇 번씩 되풀이 되고나서 출구에서는 완성품이 되어서 나오고 있었다.

주 2일 휴무로 인해서 인간이 쉬고 있어도 재료를 공급하고 프로그램을 짜 놓으면 로봇은 휴식 없이 계획대로 만들어 낸다. 로봇은 화장실에도 가지 않고 커피도 마시지 않을 뿐더러 담배를 피우는 시간도 필요 없다. 강자인 기업은 자금력을 배경으로 로봇의 도입에 힘을 기울였다. 그 결과, 일본은 세계 제일의 로봇 국가가 되었던 것이다. 로봇을 많이 사용하고 있는 기업은 능률이 경쟁력이 될 수 있다.

(2) 중고밀도형 산업 - 자동화가 진척되고 있는 공장

고성능 로봇을 도입하여 자동화가 진척되고 있는 공장은 중고밀도형에 들어간다. 경공업이나 일반 기계의 제조나 조립을 하는 업종이다.

(3) 중밀도형 산업 - 대형 도매업, 대형 백화점, 대형 슈퍼마켓

대규모의 도매업자는 상품 유통 시스템 속에 들어가 있어서 능률을 어느 정도 올리면 성과를 올릴 수 있을 것이다. 또 독자적인 힘으로 고객을 끌어들일 수 있는 대형 백화점이나 슈퍼마켓도 산업 전체에서 보면 중밀도에 위치한다. 기계공업의 업종으로 1차 하청을 받고 있는 회사는 중밀도라고 생각하는 것이 좋다. 이 산업은 능률만으로는 문제가 절대로 해결되지 않는다.

(4) 중저밀도형 산업 - 소형 도매업, 업무용 판매업, 건설공사업, 소매업, 서비스업

능률을 올리려고 해도 올리기 힘든 업종이 있다. 중소기업에 그런 회사가 압도적으로 많다. 경영 규모가 작은 도매업자도 중저밀도에 들어간다.

영업사원의 하루 활동시간 중에서 "이동시간"이 차지하

는 비율은 근거리 담당자라 하더라도 40% 이상을 차지한
다. 시외로 나가면 60%쯤 차지하게 된다. 이동시간 없이
는 거래처를 방문할 수가 없다. 그러나 이동시간 동안의
"생산성은 제로"이다. 이동시간 동안은 가장 능률이 낮다.
이동 중에 생각하거나 계획을 세운다는 사람도 있는 것 같
지만 그것에는 한계가 있다.

영업사원이 능률을 올리기 힘든 또 한 가지 원인이 있
다. 거래처에서 기다리는 시간이다. 이런저런 일로 인해서
영업사원의 업무는 능률을 올리는 데 한계가 있다. 공장은
자동화가 가능해도 영업활동의 자동화는 곤란한 것이다.
요컨대, 영업은 로우 테크인 것이다. 루트 세일즈(route
sales = 순회 판매)용 로봇 영업사원이 개발될 때까지는
인간의 손에 의지할 수밖에 없다.

건설업도 밀도가 낮다. 건축 현장은 기반의 조건이 나빠
서 공장처럼 계획대로 일이 진전되지 않는다. 날씨의 영향
으로 인해서 공사가 중단되기도 한다. 비가 3일만 내리면
망쳐 버리는 것이 건설업의 약점이다. 이래서는 능률을 올
리기가 힘들다.

이런 사정은 소매업이나 음식업도 마찬가지다. 날씨에
따라서 고객의 출입이 크게 좌우된다. 고객의 형편에 맞출

수밖에 도리가 없다. "손님, 우리는 능률을 올리는 소매업이니까 15분 내에 쇼핑을 끝내지 않겠습니까?"라고 부탁할 수는 없는 것이다.

이런 연유로 소매업이나 서비스업도 능률을 올리기가 쉽지 않다. 많은 성과를 올리려면 영업시간을 늘리는 수밖에 없다.

중소기업의 대부분의 사업은 로우 테크 산업에 의존하고 있음을 잊어서는 안 된다.

(5) 저밀도형 산업 - 농업, 어업, 임업

날씨의 영향을 가장 많이 받는 것이 1차 산업인 농업과 어업, 임업이다. 농업에서는 비가 지나치게 많이 내리면 농작물의 뿌리가 썩는 병에 걸릴 우려가 있고, 맑은 날이 계속되면 말라 죽는다. 태풍 때문에 농산물이 큰 피해를 입는 것은 흔한 일이다. 임업에서는 큰 눈이 내리면 나무가 부러지거나 휘어지거나 해서 역시 큰 피해를 입게 된다.

어업의 경우에는 더 심하다. 어장에 나가 보지 않으면 물고기가 있는지 어떤지 알 수가 없다. 날씨가 급변하면 목숨을 잃지 않기 위해 피난을 하지 않을 수가 없다.

이와 같이 농업, 어업, 임업과 같은 1차 산업은 날씨의 영향으로 성과가 달라진다. 하늘은 인간의 사정 따위에는 전혀 개의치 않는다. 계획대로 되지 않는 것은 일 속의 밀도가 낮기 때문이다.

● 정말로 일중독자인가?

무역 마찰이 일어났을 때부터 서양인들은 일본인을 워커홀릭(workaholic = 일중독자)이라고 불렀다. 그런 탓으로, "장시간 노동을 해 주십시오. 일 년에 휴일은 15일이니까 나머지 350일은 일을 해 주십시오" 하고 강연을 하면, 반드시 반론이 터져 나온다. 그러면 나는, "외국 사람들이 일본인은 지나치게 일을 많이 한다고들 지적하는데 이상하지 않은가?" 하고 반론을 제기한다. 잘 생각해 보면 이 논리는 좀 이상하다. 일본에는 외국으로 상품을 수출하고 있는 회사가 많다. 또, 비슷한 업종의 회사를 도산 내지는 폐업으로 몰아갈 수 있는 힘을 지니고 있는 회사도 200여 개 이상 된다. 여기에 수출을 해서 외화를 듬뿍 벌어들이고 있는 회사를 합치면 "1,000개 회사" 정도가 된다. 이런 회사들이 외국으로부터 원수 취급을 받고 있는 셈인데, 사업의 성격은 모두 고밀도 산업에 가깝다(표 17).

　텔레비전이나 신문을 통해서 "일본인은 일중독자"라고 지적을 받으면, 자신의 회사는 중밀도 산업 이하인데도 마치 〈도요타〉나 〈마츠시타〉가 된 것 같은 기분이 되는 경영 자가 있다면 그것은 좀 곤란하다. 〈도요타〉나 〈마츠시타〉의 금고는 수출에 의해서 가득 채워지더라도 중소기업의 금고는 변함이 없기 때문이다. 이것을 오해하고 있는 사람들이 적지 않다.

[표 17] 업종과 업무 밀도의 관계

1. 고밀도 산업	수출로 인해서 눈엣가시로 여겨지고 있는
2. 중고밀도 산업	회사는 그 중 일부
3. 중밀도 산업	
4. 중저밀고 산업	이 위치에 있는 회사는 별로 관계가 없다.
5. 저밀도 산업	

성과 ? = ‖일하는 시간양‖ ×경영 자원↘

　회사의 재산이나 경영 자원에 특별히 내세울 만한 것이 없고, 하고 있는 사업도 밀도가 낮으며, 활동하고 있는 지역이 주로 자기 고장인 회사는 특별히 외국 기업과 경쟁하고 있는 것도 아니고, 무역으로 마찰을 빚고 있는 것도 아니다. 국내의 같은 업종의 회사들과 경쟁 관계에 있을 뿐이다. 일중독이냐 아니냐는 "경영 자원의 레벨과 산업 밀도의 위치", 그리고 같은 업종의 회사와의 경쟁으로 결정된다. 이것을 조건으로 삼지 않는 논의는 시간 낭비다.

경영 자원에 의해서 "기업의 차이"가 생겨난다. 또 산업의 내용에 의해서도 차이가 생긴다. 그런데도 일하는 시간을 일정하게 고정화시키는 것은 웃기는 얘기다. 피땀 흘려 일한다든가, 한눈팔지 않고 열심히 일한다는 선입관은 버리는 것이 좋다.

● 필승형은 12시간, 압승형은 14시간

경영 자원의 레벨이 낮고, 산업의 밀도도 낮은 조건 속에서 살아남으려면 어떻게 하면 좋은가? 성과는 일하는 시간의 2승에 질을 곱한 것이다(표 18). 파워는 일하는 시간의 2승에 비례해서 나온다. 따라서 시간을 중시하면 활로가 열리게 된다.

[표 18]

성과 = 양의 분야^2 × 질의 분야
성과 = 일하는 시간양^2 × 경영 자원
성과 = 일하는 시간양^2 × 산업 밀도

남보다 2배 이상 일하려고 생각한다면 "10시간" 이상을 일하면 된다. 남보다 3배 이상 일하려고 생각한다면 12시간 일하면 된다. 남보다 3배 더 일하는 사람을 "필승형"이라고 한다. 3배인 12시간형을 지킨다면 대개 마음먹은 대로 사업을 할 수가 있다. 넘어져도 경쟁에서 지는 일은 없다. 14시간 일하면 "압승형"이다(표 19). 보통 때는 12시간의 "필승형"으로 일하고, 연중 휴일 72일을 투입하면 합쳐서 "4배형"이 된다. 이쪽이 몸에 무리를 주지 않기 때문에 실행하기가 쉽다.

[표 19]

남보다 몇 배 일하고 있는가?
남보다 2배 일하는 것은   10시간
남보다 2배 반 일하는 것은 11시간
남보다 3배 일하는 것은   12시간   **(필승형)**
남보다 3배 반 일하는 것은 13시간
남보다 4배 일하는 것은   14시간   **(압승형)**
남보다 5배 일하는 것은   15시간   **(결사형) (오싱형)**

그런데 15시간 40분을 버티면 "결사형", 또는 "오싱형"

이 될 수가 있다. 오싱은 이것을 25년간 실행했던 사람이다. 메이지 시대(1868년~1911년)와 다이쇼 시대(1912~1925)에는 "오싱형"이 엄청나게 많았다.

메이지 시대에 들어와서부터 일본은 외국과 접촉을 하기 시작했다. 유럽에서는 산업혁명을 맞이한 전성기였다. 일본은 세계 속에서는 약자 중의 약자에 지나지 않았다. 그런데도 선진국을 따라잡을 수 있었던 이유는 무엇일까? 일에 투입한 시간이 큰 힘이 되어 주었기 때문이다. 쇼와 중기(1890년대)에 태어나서 진짜 경영자가 되려면 "필승형"인 12시간 노동을 15년 동안 실행해야 했다.

성장하고 있는 회사나 경영 내용이 좋은 회사는 일하는 시간이 길다. 새로 설립된 회사가 좋은 회사 축에 끼려면, "15년 동안"은 사장을 포함해서 일반 사원이 필승형의 12시간을 지킬 필요가 있다. 새로운 회사의 경영 자원은 최저 수준이니까 그것을 끌어 올리려면 결국 일하는 시간을 길게 하는 수밖에 없다.

중소기업으로서는 장시간 노동을 회피할 수가 없다. 여러분의 회사는 동종의 회사에 비해서 일을 적게 하고 있지는 않은가?

원칙 **7**　약자는 투입 시간의 30%를 관리와 계획에 배분해야 한다

전력을 다해서 시간에 대항하라.　　– 톨스토이 –

준비 작업으로 낭비를 막아라

이익은 기업이 판매하는 상품이나 서비스와 이용자의 돈이 교환될 때 발생한다. 상품을 구입하는 사람을 찾아내서 돈과 바꾸는 활동을 영업이라고 한다. 이것은 양의 분야에 해당된다(표 20). 그렇다면 영업을 위해 활동시간을 100% 투입하면 성과가 최대가 되느냐 하면 그렇지는 않다. 사전에 전략상의 계획을 세울 필요가 있다.

[표 20]

파워 = 양의 분야^2 × 질의 분야		
↓	↓	
See = Do^2 × Plan		
↓	↓	
성과 = 영업활동 × 계획과 관리		

또 영업활동의 결과를 정리하고 기록하고 분석해서 다음 번 영업활동에 써먹지 않으면 로스가 많아진다. 따라서 자신의 올바른 방향을 결정하는 전략 관리와 매일 되풀이되는 업무에 대한 전술 관리가 필요하다. 이것은 질의 분야에 해당된다.

시간 투입의 배분은 크게 나누면 두 가지가 있다. 하나는 영업활동에 배분하고, 또 하나는 계획과 관리에 배분한다.

그렇다면 어떤 식으로 시간을 배분했을 때, 성과가 최대가 되는가를 다음의 예를 통해서 생각해 보기로 하자.

자동차를 이용해서 개인을 대상으로 물품을 판매하고 있는 나홀로 회사이다. 종업원은 없고, 부인이 사무를 보고 전화에 대한 응대를 하고, 경영자는 혼자서 영업하러 돌아다니고 있다. 매일 10시간 일하고 있다. 가령 하루 종일 사무실에 앉아 있고 영업활동을 전혀 하지 않으면 그 날에는 1엔도 들어오지 않는다. 란체스터 법칙에 적용하면 "$0^2 \times 10 = 0$"다. 그러나 9시간 회사에 있으면서 상품 정리를 한 경우에는 "$1^2 \times 9 = 9$"가 된다.

이와 같이 하루에 일하는 시간을 10시간이라고 가정하고, 그 시간을 어떻게 배분하면 성과가 최대로 되는가를 계산한 것이 [표 21]이다.

[표 21] 성과를 최대로 만드는 영업과 관리의 배분 방식

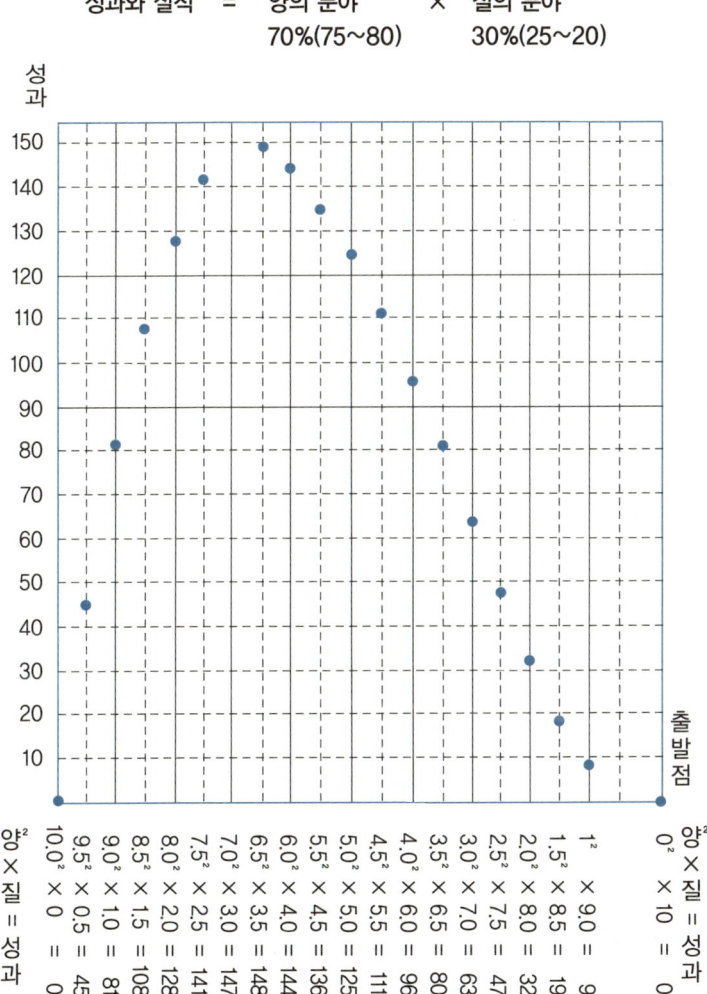

성과와 실적　＝　양의 분야²　×　질의 분야
　　　　　　　　70%(75~80)　　30%(25~20)

성과

150
140
130
120
110
100
90
80
70
60
50
40
30
20
10

출발점

양²	×질 = 성과
0²	× 10 = 0
1²	× 9.0 = 9
1.5²	× 8.5 = 19
2.0²	× 8.0 = 32
2.5²	× 7.5 = 47
3.0²	× 7.0 = 63
3.5²	× 6.5 = 80
4.0²	× 6.0 = 96
4.5²	× 5.5 = 111
5.0²	× 5.0 = 125
5.5²	× 4.5 = 136
6.0²	× 4.0 = 144
6.5²	× 3.5 = 148
7.0²	× 3.0 = 147
7.5²	× 2.5 = 141
8.0²	× 2.0 = 128
8.5²	× 1.5 = 108
9.0²	× 1.0 = 81
9.5²	× 0.5 = 45
10.0²	× 0 = 0

양² × 질 = 성과

주된 목적에 70%를 투입하라

[표 21]의 〈출발점〉을 잘 보기 바란다. 일하는 시간 전부를 사무실에서 보내면서 책상 정리나 청소를 했을 때이다. 물론 매상은 "제로(0)"이다. 영업을 하러 돌아다니는 시간이 많아짐에 따라서 매상 성과가 오르고, 이윽고 성과가 최고점에 도달한다. 그 최고점은 "계획과 관리에 1/3"를 배분하고, "영업활동에 2/3"를 배분했을 때이다. 즉, 계획에 30%를 배분하고, 영업에 70%를 배분했을 때다. 자영업자의 주된 목적은 영업이다. 주된 문제에서 벗어나지 않도록 행동하면 높은 성과를 유지할 수가 있다.

사업을 하는 데는 계획이 필요하다. 그리고 준비 작업을 하는 시간도 필요하다. 업계 경력이 오래되고 종업원의 평균 연령이 높아지면 회의 시간이 많아지기 시작한다. 오전에 전화를 걸면 회의 중이라고 하고, 오후에 다시 전화를 하면 다른 회의 중이라고 하는 회사는 별로 신기하지도 않다. 회의나 작전이 많은 것에 비해서 경영이 잘 되고 있지 않은 회사를 "작전 과잉"이라고 한다. 계획을 지나치게 많이 세우는 것은 오히려 좋지 않다. 영업활동 자체에 70%를 투입하고 내부 문제에 30%를 배당하는 것이 이상적이다.

지나치게 밖으로만 돌아다니는 것은 좋지 않다

오랜 시간 동안 일하고 있는 것에 비해서 성과가 오르지 않는 자영업자도 적지 않다. 자동차의 주행거리는 엄청나게 올라가 있지만 매상은 전혀 오르지 않는다. 죽어라 하고 뛰어다니고 있어도 언제나 빈털터리다. 이런 사람은 타이어 회사로부터는 표창을 받겠지만, 상공회의소로부터는 표창을 받지 못한다.

[표 22]과 [표 23]에 나타나 있는 것처럼, 영업에 투입하는 시간의 비율이 "80%" 이상이 되면 성과가 급속히 떨어진다. 너무 밖으로만 돌아다녀도 안 되는 것이다. 내부 작업이 따라오지 못하면 영업 자체의 효율이 나빠진다. 거래처의 정리나 명함 정리가 방치되고, 고객에 대한 애프터서비스나 고객이 부탁한 용건을 잊어버리거나 하기 때문이다. 모처럼 좋은 영업을 하면서도 계획적인 마무리가 되지 않기 때문에 매상을 놓쳐 버리게 된다.

계획이 조잡해져도 성과가 나오지 않는다. 그리고 계획이 지나친 것도 좋지 않지만, "지나치게 많이 움직이는 것"도 좋지 않다.

[표 22] 지나치게 밖으로만 뛰어다니면 오히려 성과는 떨어진다

영업시간에 배분하는 비율	×	계획과 준비, 작업에 배분하는 비율	=	성과
7.0^2	×	3.0	=	147.0
7.5^2	×	2.5	=	140.6
8.0^2	×	2.0	=	128.0
8.5^2	×	1.5	=	108.4
9.0^2	×	1.0	=	81.0
9.5^2	×	0.5	=	45.1

※ 계획에 투입하는 시간이 적어지게 되면 성과가 급속히 작아지게 된다.

그렇다면, 지나치게 부지런한 사장이 좋은 경영을 하려면 구체적으로 어떤 활동 계획을 세우면 좋을까?

자영업자는 쉬지 않는 사람이 많으니까 1주일에 7일간 일을 한다. 질의 분야는 30%이니까 "7일 × 0.3 =2.1일"이 된다. 즉, 1주일 가운데 영업활동에 5일을 투입하고, 2일은 "계획과 준비"에 할당하면 된다(표 23).

2.1일의 계획 시간 가운데 휴일 하루를 1주일간의 반성과 다음 계획을 위하여 투입한다. 1일에 10시간 일한다고 가정하고, 6일로 나누면 1일당 대충 "1시간 45분"이라는 계산이 나온다. 이 1시간 45분 가운데 아침의 계획 시간으로 "45분간"을 할당한다. 이것은 1일 동안 어떻게 행동할 것인가에 대한 계획과 준비 작업 시간이다.

[표 23] 너무 밖으로만 다녀도 성과가 저하된다

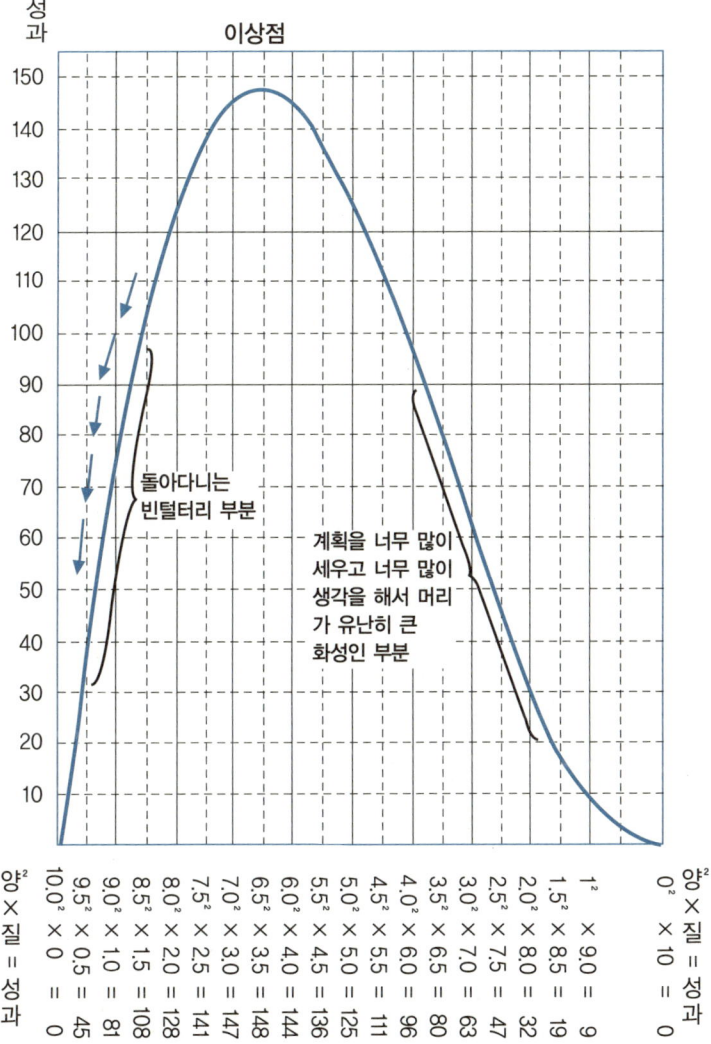

성
과

이상점

150
140
130
120
110
100
90
80
70
60
50
40
30
20
10

돌아다니는
빈털터리 부분

계획을 너무 많이
세우고 너무 많이
생각을 해서 머리
가 유난히 큰
화성인 부분

양²
0²
× 10 = 0

1^2 × 9.0 = 9
1.5^2 × 8.5 = 19
2.0^2 × 8.0 = 32
2.5^2 × 7.5 = 47
3.0^2 × 7.0 = 63
3.5^2 × 6.5 = 80
4.0^2 × 6.0 = 96
4.5^2 × 5.5 = 111
5.0^2 × 5.0 = 125
5.5^2 × 4.5 = 136
6.0^2 × 4.0 = 144
6.5^2 × 3.5 = 148
7.0^2 × 3.0 = 147
7.5^2 × 2.5 = 141
8.0^2 × 2.0 = 128
8.5^2 × 1.5 = 108
9.0^2 × 1.0 = 81
9.5^2 × 0.5 = 45
10.0^2 × 0 = 0

양²
질
= 성
과

양²
× 질
= 성
과

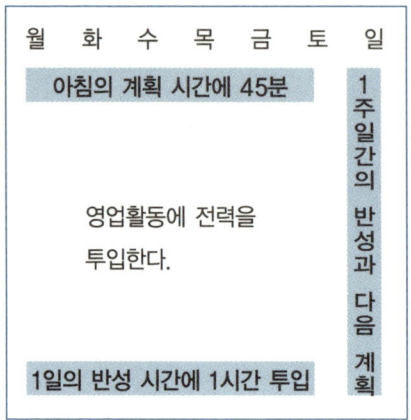

[표 24] 능률을 올리는 계획표

월	화	수	목	금	토	일
아침의 계획 시간에 45분						1 주 일 간 의 반 성 과 다 음 계 획
		영업활동에 전력을 투입한다.				
1일의 반성 시간에 1시간 투입						

　저녁 때, 그날에 대한 반성과 서류 정리에 나머지 1시간을 할애한다. 주중의 낮시간에는 영업활동에 전력을 투입한다. 결코 오락실이나 다방에 가서 게으름을 피우면 안 된다.

　일요일은 쉬어서 1주일에 일하는 날이 6일인 사람의 경우 아침의 계획 시간과 일이 끝난 뒤의 반성 시간을 똑같이 배분하면 된다. 또는, 토요일 낮부터 6시까지를 1주일간의 반성시간으로 삼아도 좋다.

　그러나 종업원이 30명 이상의 회사는 양의 분야가 전략 입안으로 변해 가야 한다. 1년 후, 3년 후를 생각하고 계획하는 대국적인 시간이 필요하므로 규모에 따라 양의 내용이 달라진다. 그렇지만 영업이 70%이고, 관리가 30%이라는 원칙에는 변함이 없다.

이 시간 배분을 잘 지키면 헛되이 힘들게 뛰어다니지 않고도 언제나 최고의 컨디션으로 일을 할 수 있을 것이다. 이것이 란체스터의 시간 관리 법칙이다.

그런데 여러분의 시간 배분은 어떻게 되어 있는가? 쓸데없이 많이 뛰어다니고 있지는 않은가? 아니면 너무 생각만 많이 하는 화성인이 되어 있지는 않은가?

약자는 7시 30분부터 일을 시작하고 행동 계획을 세워서 효과를 높여야 한다

시간을 이용할 줄 아는 사람은 하루를 사흘로 통용한다. - 영국 속담 -

지혜가 샘솟는 다이어몬드의 시간

제6조에서 장시간 노동의 필요성에 대하여 설명했다. 그렇다면 필승형의 12시간 노동을 실행하려면 아침 몇 시부터 일을 시작하면 좋을까? 아침 7시 30분부터 시작하면 좋다. 그 이유는 이렇다.

나는 16년간 기업 조사를 해 왔다. 목표로 삼은 회사에 찾아가 결산 자료 등을 제공받고 기업 내용을 리포트하는 일이다. 업계의 평균으로 보아 기업 내용이 좋은 회사가 있다. 배경이 될만한 인맥이나 부모의 재산도 없는데, 혼자 독립해서 업계 경력이 그다지 없는 데도 불구하고 결산서의 내용은 좋은 편에 속하는 회사가 적지 않다. 비결이 뭘까? 몇 번씩 방문하여 사장의 이야기를 듣거나 행동을 관찰해본 결과, 마침내 그들의 공통점을 발견하게 되었다.

그것은 아침 출근이 빠르다는 것이었다. 아침 6시 30분부터 전투 개시를 한다는 사장이 있는가 하면, 아침 7시 출근을 30년 동안이나 계속하고 있는 사장도 있다. 업계에서 그 지역을 대표하는 뛰어난 회사의 사장은 모두 아침 출근이 빨랐다. 경영자의 아침 출근이 빠르면 남자사원들의 아침 출근도 빨라지게 된다. 그리고 자연히 여사원도 출근이 빨라지게 되어서 빠른 출근이 사내에 정착하여 습관이 된다.

우선 아침 7시 30분에 업무에 착수하는 것이 승리자가 되는 조건이다. 업무 개시 시간은 업계마다 다르지만, 서비스업이나 소매업에서 8시 30분이 영업 개시 시간이니까 1시간 앞당겨서 생각하면 틀림없다. 요컨대 같은 업계의 상식적인 출근 시간보다 1시간 일찍 출근해야 한다. 그 기준에 의해서 7시 30분을 목표로 삼아야 한다.

이탈리아의 경제학자 빌프레토 페데리코 다만 파레토 (1848년~1923년)는 20세기 초에 하나의 법칙을 발표했는데, 그것을 "파레토의 법칙"이라고 한다. 그 내용은 개개인이 지닌 부는 균등하게 분포되지 않고 소수의 인간에게 집중하는 경향을 나타내서 20%의 인간이 75%의 부를 차지한다는 것이다.

이 법칙을, 소수의 인간에게 국민을 지배할 권리가 있다고 해석하여 정권을 장악한 것이 바로 무솔리니(1883~1945년)였다. 그 탓으로 한때 "파레토의 법칙"은 이탈리아에서 비판을 받았지만, 비판에 관계없이 이 법칙은 아직도 살아있다. 이 법칙을 경영 지침에 처음으로 응용한 것은 피터 드러커였다.

파레토의 법칙은 자연계에서도 성립되고 국가에도 들어맞는다. 3%에서 5%의 인간이 국가의 부를 95%나 소유하고 있는 나라도 있다. 부의 과도한 집중은 혁명의 위험도를 높여서 정치가 불안정해지게 된다. 필리핀에서는 부의 집중도가 지나쳐서 마르코스 왕조가 붕괴되었다. 중동에서 혁명 소동이 연중행사처럼 일어나는 것도 부의 집중이 주 원인이다.

선진국 가운데서는 일본이 부의 집중도가 가장 낮다. 부가 일시적으로 집중되더라도 누진 소득세와 높은 상속세 때문에 부를 축적하기가 어렵기 때문이다. 중산층을 총 1억이라고 생각하고 있는 것은 부가 분산되어 있기 때문이다. 이런 나라에서는 특별히 혁명을 일으킬 이유가 없다.

부의 편중은 매상고도 편중을 나타낸다. 도 내의 동종 기업 전체를 매상고 순으로 늘어놓으면 [표 25]처럼 된다.

[표 25] 파레토의 법칙에 의해 편중

기 업 수	9~0%	20%	60%	100%
누계 매상고	50%	75%	95%	100%

※ 매상고는 소수의 회사에 집중된다

전체 8~10%의 기업이 업계 매상고의 절반을 차지하고 있다. 20%의 기업이 매상의 75%를 지배하고, 그리고 60%의 기업이 매상의 95%를 차지한다. 나머지 40%의 기업은 업계 매상의 5%밖에 올리지 못하고 있다.

이 법칙은 판매처나 사입처, 그리고 상품에 대해서도 들어맞는다. 이것으로 알 수 있는 것은 "20%의 소수가 전체의 75%를 지배한다"는 사실이다. 그렇다면 이 법칙을 시간에 응용해 보면 어떨까? 가령 하루에 8시간 일하고 있는 사람이 있다면, 8시간의 20%는 약 "1시간 30분"이 된다.

일의 내용에 따라서 다르므로 일률적으로 말할 수는 없다 하더라도 집중 효과가 발휘되는 시간대는 분명히 있다. 특히 뭔가를 결정해야 하는 판단의 경우에는 보다 더 확실하게 나타난다. 따라서 이 중요한 시간을 회사의 업무 시작 시간 전에 가져오면 어떻겠는가? 9시에 업무를 시작하는 회사라면, 1시간 반을 앞당겨서 7시 30분에 업무를 시작하는 것이다.

조사원 시절에 발견한 아침에 일찍 업무를 개시하는 회사들 중에 경영 내용이 좋은 회사가 많다는 사실과 "파레토의 법칙"이 일치했던 것이다. 이런 연유로 7시 30분부터의 시간을 가장 가치 있는 "다이아몬드의 시간"이라고 한다.

나는 29세 때부터 7시 30분 출근을 실행해 왔다. 이른 아침에는 집중력을 발휘할 수가 있다. 9시부터 12시까지 할 수 있는 업무처리량과 거의 같은 양을 7시 30분부터 9시까지 할 수가 있었다. 오랫동안 계속해 보고 깨달았는데, 아침 일찍 출근하면 일을 빨리 처리할 수 있을 뿐만 아니라 어느 틈엔가 적극적인 마음가짐이 몸에 붙게 된다는 것이다. 잔업 수당이 붙지 않는 서비스 시간이어서 더욱 가치가 있다.

소극적인 의견을 내놓거나 혹은 이러쿵저러쿵 비판이 많은 사람은 대개 아침에 늦게 출근하는 공통점이 있다. 이미 7시 30분이나 그보다 더 일찍 출근하고 있는 비즈니스맨은 그것을 계속 유지하기 바란다. 실천력을 키우고 싶은 신입사원은 아침 7시 30분에 출근하는 것부터 시작해 보라.

하루의 행동 계획에 15분을 투자하라

아침 7시 30분부터 업무에 착수하더라도, 보다 많은 성과를 올리려면 하루의 행동 계획을 세울 시간이 필요하다. 이 행동 계획 시간은 이른 아침 시간이 좋다. 이른 아침에는 집중력이 발휘되어 잡음이 들어오기 힘들다. 그렇다면 그것에 몇 분간 선행 투자를 하면 좋을까?

경영에는 몇 가지 법칙적인 "비율"이 있다. 경험 법칙에서 이끌어 낸 여러 가지 비율이 있는데, 그 중 하나가 "선행 투자 3%"라는 비율이다. 장래에 대해서 3~5%를 투자하면, 전체의 효율이 향상되고, 안전이 도모되기 때문이다.

그 3%를 하루에 일하는 시간 8시간에 곱해서 계산하면 "480분×0.3"은 14.4분인데, 4사5입하면 "15분"이 된다. 업무 중에서 가장 가치가 높은 것이 "계획하는 시간"이다. 그러므로 아침 7시 30분에 출근하여 오늘 처리해야 할 업무에 대한 계획 입안과 행동 예정의 메모를 위해 15분을 선행 투자한다. 그리고 그 계획에 따라서 행동하면 하루가 순조롭게 흘러 갈 것이다. 이것은 "질의 시간 중 최고의 질"에 해당된다. 계획하는 시간을 전날 저녁때로 정하고, 아침에 재차 점검하는 것도 좋다. 중요한 것은 계획하는 시간을 확실하게 만드는 것이기 때문이다.

오랜 시간 일하고 있는 것에 비해서 경영이 잘 되지 않고 있는 자영업자나 중소기업 경영자는 대개 "계획하는 시간"에 대한 선행 투자가 이루어지고 있지 않다. 머리로 이것저것 생각은 하고 있지만 메모는 하지 않는다. 메모를 해 놓으면 어느 것이 보다 중요하고, 그다지 중요하지 않은 가에 대한 우선순위 판단이 서게 된다. 또 그 밖에 해야 할 일, 추가적인 일, 내친김에 할 일을 생각해 내게 된다. 그런데 선행 투자인 계획하는 시간을 생략하는 사람은 메모하는 것을 귀찮아하기 때문에 깜빡하는 일이 자주 발생한다. 따라서 바쁘기만 하고 실속이 없는 일만 처리하게 된다.

두 번, 세 번 사람 손을 거쳐야 하는 일이 많아지면 효율이 떨어진다. 능률을 올리는 데는 계획이 필요하다. 그래서 15분을 그것에 투자하는 것이다. 오히려 15분이라는 시간에 목표를 두는 쪽이 실행에 옮기기가 쉽다.

● 행동 준비 시간에 45분을 할애하라

8~10%의 기업이 전체 총 매상고의 절반을 차지한다는

법칙을 8시간 노동에 적용하면, 38분에서 48분, 평균하여 45분이 된다. 가치가 매우 높은 시간이다. 이 시간에서 계획하는 시간 15분을 빼면 30분이 된다. 이것이 바로 행동 준비 시간이 된다. 직원이 여러 명 있는 경영자나 간부는 부하의 행동 계획에 대한 의논에 30분을 할애하면 효과적이다.

영업 업무는 밖으로 나가면 그 뒤에는 컨트롤할 수가 없다. 영업사원 자신은 중요하다고 생각하고 있더라도 경험을 쌓은 간부 쪽에서 보면, 쓸데없는 일인 경우가 많으니까, 이것을 의논해서 가르쳐 주는 것이 좋다.

파레토의 법칙을 일의 종류에 대체시키는 것을 "무게 매김"이라고 한다. 서로 의논하는 무게 매김에 30분은 필요하다. 건설공사업자들에게는 "준비가 70%"라는 속담이 있는데, 그 준비도 일정한 시간을 강제적으로 선행 투자를 하지 않으면 실행할 수가 없다. 이 시간도 아침대로 집중해서 끌어 올려야 한다.

중요한 일은 9시까지 끝내라

아침 7시 30분에 출근하고, 행동 계획 시간에 "15분"을 할애하고, 그리고 준비 시간에 "30분"을 할당하는 것이 원칙이다. 일의 형편에 따라서는 전날 퇴근하기 전에, 다음 날의 계획을 세워도 좋지만, 중요한 것은 일정한 페이스로 습관화하고 외골수로 계속 지켜 나가야 한다는 것이다. 계획과 준비가 끝나면 일에 착수한다. 빨리 처리해야 하는 일은 즉각 착수한다. 자기가 아니면 할 수 없는 일, 자신이 책임을 지고 해야 하는 일은 아침에 처리를 한다. 그러면 하루 일이 잘 해결되어서 마음이 편안해질 것이다.

매일 판에 박힌 일을 하고 있으면 일의 우선순위를 알 수 없게 되어 버린다. 그것은 일의 무게 매김이 이뤄지지 않는 데 그 원인이 있다. 이것저것 일을 끌어안고 있어서 어느 것부터 손을 댈지 알 수가 없다. 눈앞의 일, 뒤처리, 클레임 처리에 쫓기면 쫓길수록 우선순위를 알 수 없게 된다.

이동시간이 많아지면 더욱 더 그렇게 될 위험성이 커진다. 그것을 방지하기 위해서는 머리가 맑아져 있는 아침에 집중력을 발휘하여 생각할 필요가 있다.

경영은 복잡하다. 그러나 경영도 자연과학과 마찬가지로 법칙성에 의해 지배되는 과학 즉, 70%~80%는 사이언스이다. 아침 7시 30분에 다이아몬드의 시간을 만들고, 중요한 일을 처리해야 한다. 이것이 성공으로의 첫걸음이다.

원칙 9 약자는 휴일 중 30%를 전략 계획 과 직원 교육에 투입해야 한다

한 가지 일을 경험하지 않으면 한 가지 지혜가 자라지 않는다.
– 명심보감 –

장기적인 계획을 수립하는 날을 정하라

중소기업의 경영자나 비즈니스맨에게 부족하기 쉬운 것이 전략을 짜는 날이다. 일상 업무의 관리가 아니라 경영을 대국적으로 바라보고, 3년 후, 5년 후를 생각하는 시간을 만들지 않으면 자신의 모습을 상실하게 된다.

중소기업의 경영자나 간부들은 스스로 영업에 참여하고, 스스로 수금도 하러 나가지 않으면 안 된다. 은행에도 본인이 가야 하고, 사무실에 있을 때에는 전화도 받고, 사입처의 영업사원이 방문해 오면 접대도 해야 한다. 또, 다른 회사의 영업사원이 물건을 팔러 오면 그것도 상대해 주어야 하고, 이런저런 잡일도 처리해야 된다. 뭐를 이렇다 하게 해 놓은 것도 없는데 하루 해가 짧기만 하다. 일상 업무에 쫓겨서 중소기업의 경영자나 비즈니스맨은 행동력은 있지만 대국적인 생각을 할 여유가 없다.

경영에는 땀을 흘리는 것만으로는 해결되지 않는 일이 있다. 경영자에게는, 자신이 경영하는 회사가 3년 후나 5년 후에는 어떻게 되어야 하는가, 그러기 위해서는 경영을 어떻게 추진해 나가야 하는가와 같은 대국적인 계획과 전략이 꼭 필요하다.

또한 비즈니스맨도 자신의 장래를 어떻게 살고 싶은가, 경력에 걸맞는 전문가가 되려면 어떻게 해야 하는가와 같은 것을 생각할 시간이 필요하다. 생각하는 시간은 "토막시간"으로는 도움이 안 된다. 상당히 긴 시간이 필요하다. 그러나 평일의 시간을 생각하는 시간으로 돌리는 것은 어렵다. 깊이 생각하기 위해서는 휴일의 시간을 사용하지 않을 수 없다. 이것은 장래에 대한 선행 투자 시간이기도 하다.

"착안대국(着眼大局)"이라는 말이 있다. 대국적으로 생각하려면 실체를 냉정하게 직시하지 않으면 안 된다. 관점은 하나밖에 없는 것이 아니다. 여러 개의 관점 중에서 실행하려고 하는 대상이 2개 이상 있어서 어느 쪽으로 할까 하고 고민하는 것을 "미혹(迷惑)"이라고 한다. 실행 방법은 반드시 여러 가지가 떠오르지만, 이것을 하나하나 천천히 생각해 보고나서 하기 쉬운 것으로 정한다. 정하지 않고 있으면 미혹이 생기지만, 하나의 방법을 정하면 이상하게도 망설이지 않게 된다. 이것을 평일의 업무 시간에 활용하기에는 이런저런 일로 바쁘고 집중을 하기 어려우니까 휴일을 이용하는 것이 좋겠다. 휴일을 이용하면 시간이 걸리더라도 신경이 쓰이지 않기 때문이다.

전략 분야의 검토는 휴일을 이용하면 그만큼 전투시간이 늘어난다. 평일 하루 평균 12시간 일하면 "3배형" 비즈니스맨이 될 수 있다고 제6조에서 설명했다. 이것에 휴일을 더하면 파워가 한층 더 강화된다.

휴일을 1년 동안에 72일 투입하고, 1일당 7시간을 계획 시간에 충당한다면, 72×7시간은 "504시간"이 된다. 504시간은 "휴일의 전략 시간"이다. 중소기업의 평균적인 가동일 수는 265일이 많다. 504시간을 265일로 나누면 1일당 1시간 54분이 된다. 즉, 평균 하루 12시간 일하고 있는 비즈니스맨이 휴일을 1년 동안에 72일 더하면 합계는 14시간이 된다. 이것도 시간 전략에서는 "4배형"이다. 따라서 파워가 훨씬 더 강해진다.

휴일을 1년 동안에 38일 투입한다면 "3.5배형"이다. 중소기업의 경영자나 간부는 휴일의 반수를 전략일로 할애해야 한다. 최소한 휴일의 30%는 "생각하는 날, 전략을 입안하는 날", 혹은 "연수를 하는 날"로 사용하지 않으면 전략일이 부족하다. 샐러리맨화된 경영자는, "농담하지 말라. 휴일을 그렇게 희생할 수 있겠는가?"하고 말할 것이다. 그러나 사업이 잘 되지 않았을 때의 상황을 그려보면 샐러리맨화한 경영자라도 샐러리맨과 같은 생각으로는 경영이 성립되지 않는다는 것을 깨닫게 될 것이다.

선행 투자의 전략일이 부족하면 반드시 그 후유증이 찾아온다. 더구나 곤란하게도, 이 후유증은 회사의 힘이 약해졌을 때 한꺼번에 찾아오는 성질을 갖고 있기 때문에 무섭다. 그러므로 경영자나 간부에게 있어 휴일의 사고는 필요조건의 하나이다.

● 휴일의 독서를 권유한다

지식은 질의 분야의 일부이다. 지식이 경영의 모든 것은 아니라 하더라도 몰랐기 때문에 큰 손해를 보았다든가, 추진 방향이 틀렸다거나 하는 실패를 최소한으로 줄일 수는 있다. 지식을 받아들이는 데 가장 손쉬운 방법은 독서다. 책을 읽으면 가장 저렴한 방법으로 빨리 지식을 얻을 수가 있다. 알면서도 좀처럼 실행하기가 어렵다. 그 원인은 일에 쫓기고 있기 때문이다. 지하철로 통근을 하고 있는 사람이라면 그 시간을 이용해서 책을 읽을 수 있겠지만, 자동차를 운전해서 통근한다면 책을 읽을 시간이 없다. 읽고 싶다고 생각해도 읽을 시간을 낼 수가 없는 것이다. 이 결점을 해소하려면 휴일을 이용하는 수밖에 없다.

매달 2권의 책을 읽으면 1년 동안에 24권을 읽을 수가 있다. 10년이면 240권이 된다. 책장 하나가 거의 꽉 차게 되는 분량이다. 그런데 책장 1개분의 경영서나 비즈니스 서적을 갖고 있는 비즈니스맨은 매우 드물다. 천 명 가운데 다섯 명도 채 되지 않을 것이다.

사회 변동이 심해지는 가운데서 지금까지와 같은 방식으로 경영해 나가다가는 낭패를 보기 십상이다. 이러한 실패를 사전에 방지하는 데는 책이나 잡지로부터 정보를 수집하는 것이 제일이다. 책을 읽어서 얻는 직접적인 반사 이익은 분명히 적다. 당장 도움이 되는 성질의 것이 아니기 때문에 평일의 시간을 할애할 수가 없다. 결국 휴일의 시간을 할당하는 수밖에 없는 것이다.

명확한 경영 방침이 인재를 만든다

회사는 모두 좋은 인재를 구하고 있다.

좋은 인재의 조건은,

① 경영자가 제시한 경영 방침을 잘 이해하는 사람

② 경영자의 경영 방침에 따라 자신의 업무방침과 계획을 세울 수
있는 사람

③ 일을 하기 위해 필요한 기능의 향상을 도모할 수 있는 사람

④ 자신이 해야 할 일에 대하여 필요한 경우, 언제든지 장시간 노
동으로 대응할 수 있는 사람

⑤ 자신이 해야 할 일을 끝까지 성취하고자 하는 의욕을 갖고 있
는 사람

⑥ 일을 실행할 때 주위 사람과 협조하여 할 수 있는 사람

등이다.

인재가 자라느냐 못하느냐의 첫째 조건은 올바른 전략
에 뒷받침된 경영 방침을 명확히 제시하는 것이다. 이것은
경영자의 책임이다. 중소기업의 올바른 전략이란 란체스
터 약자의 전략이다. 경영자가 경영 방침을 명확히 제시하
지 못하면 더 이상 이야기가 진척이 되지 않는다. 또한,
그 방침을 누구나 다 알 수 있도록 제시해야 한다. 가령

"매상을 올리고 이익을 많이 나게 하라"고 지시했다고 하면, 그것은 방침이 아니다. 단순한 말에 지나지 않는다. 이것이 방침이라면 매년 2만 여개의 회사가 도산할 리가 없다.

방침은 구체적이어야 한다.

자사가 매상을 신장시키면 그만큼 어딘가의 다른 회사의 매상이 떨어지는 "제로섬(zero‑sum : 승자가 있으면 패자가 있듯이 이익을 얻는 개인이나 집단이 있으면 반드시 그에 따른 손실을 입는 개인이나 집단이 생겨서 정산을 하면 0이 된다는 사고방식) 시대"이다. 경쟁에서 이기지 않으면 매상이 올라가지 않는다. 그렇다면 매상을 올리기 위해서 구체적으로 어떻게 할 것이냐가 방침이다.

기본적으로는 "약자의 전략"에 입각하여,

① 어떤 지역을 중점 지역으로 정하는가?

② 어떤 상품을 중점 상품으로 정하는가?

③ 그 상품의 판매는 어떤 방법으로 행하는가?

④ 1주 혹은 1개월간 방문하는 회사와 순회하는 횟수는 얼마인가?

이와 같이 각 항목을 하나하나 정한 것이 방침이다. 전략에 뒷받침된 방침의 범위 안에서는 자주적인 개선이 필요하다. 전략이 있고나서 QC 써클이 있는 것이다. QC가 있고나서 전략이 있는 것이 아니다.

어느 회사에 가 보니, 칠판에 "자기개발에 힘써서 매상을 신장시키도록 하자"고 써 놓은 경영자가 있었다. 이것으로 매상이 올라간다면 사장이 있을 필요가 없다. 자기계발을 해야 하는 것은 사장 쪽이다. 좋은 인재가 자랄 수 있느냐 없느냐는 경영 전략에 따라서 구체적이고 명확한 방침을 제시하느냐 못하느냐로 정해진다. 이것이 뒷받침되지 않은 인재론은 의미가 없다.

● 중요한 것은 전개 능력이다

전략이란 눈에 보이지 않기 때문에 실제로 알기가 어렵다. 한편, 전술이란 눈으로 볼 수 있는 것이라고 말할 만큼 보다 구체적이다. 보이지 않는 것을 보이도록 하려면 그 중간에 또 하나의 "무엇인가"가 필요하다. 이것이 "전개"다(표 26). 전개 단계까지 계획을 진행시킨 것은 그만큼 "질이 높은 방침"이 된다.

[표 26]

눈에 보이도록 하는 것이 전개의 역할

엔진 ⇒ 기어 ⇒ 동륜

종합 전략 ⇒ 중간 전략 ⇒ 전개 ⇒ 전술 ⇒ 전투시간

(눈에 보이지 않는다)　　　　　　　(눈에 보인다)

　　전쟁에서는 어느 곳을 싸움터로 결정할 것인가를 판단하는 것이 매우 중요한데, 이것은 지휘관이 결정한다. 그리고 어떤 무기를 중심으로, 어떤 편성으로 공격할 것인가도 미리 정해 놓고 있다. 부대원들에게 각자가 적당히 알아서 싸워 달라고 하는 지휘관은 있을 수 없다. 경영에서의 무기는 상품이다. 그리고 병력수는 영업사원의 수이다.

　　무기의 성능과 병력수가 비슷하다면 전투시간의 양으로 밀어 붙일 수밖에 방법이 없는데, 이 전투시간의 양에 해당하는 것이 일하는 시간의 양이다. 캠페인과 같은 단기 결전에서는 전투시간의 양이 힘을 발휘한다. 따라서 경영 전략의 방침으로 이러한 것들을 구체적으로 결정해야 한다. 그리고 난 후에야 비로소 전 사원이 일심동체가 되는 조건이 갖춰진다. 조건을 명확히 제시하지 않은 채 한 몸이 되라고 말해 보았자 될 수가 없다. 경영의 전개를 자동차와 비유하면, 자동차는 동륜(動輪 = 전동기 등으로부터

회전 동력을 받아서 차를 달리게 하는 차바퀴)의 부하 상태에 맞춰서 기어로 조정하는데, 이 "기어"에 해당하는 것이 "전개"이다. 또, 라디오의 경우, 전파는 고주파로 송출한다. 그리고 그대로는 귀에 들리지 않기 때문에 고주파에서 저주파로 만들기 위해 "검파(檢波)한다. 이 검파가 바로 "전개"인 것이다.

약자의 전략을 뒷받침하는 "구체적인 목표"를 만드는데에는 많은 시간이 필요하다. 그러기 위해서는 휴일의 전략 시간이 필요하다. 인재가 자랄 수 있느냐 없느냐는 경영 방침과 강한 상관관계를 갖고 있다.

어떤 지방의 할인마트 사장은 강자의 전략을 내세웠다가 또 어떤 날은 약자의 전략을 내세우는 등 방침 바꾸기를 무척이나 좋아했다. 자주 바꾼다기보다 정신없이 바꾸었던 것이다. 이래서는 현장에서 일하는 사람은 일을 할 수가 없다. 적당히 하는 수밖에 없으니까 "경영자에게 아첨을" 할 수밖에 없다. 정신없이 변하는 방침에 적당히 장단을 맞추면서 아첨을 하는 인간이 좋은 인재가 되는 것이다.

더욱 곤란한 것은 경영 방침을 종교와 바꿔치기 하는 경영자다. 전략은 눈에 보이지 않지만, 종교는 더더욱 눈에 보이지 않는다. 종교는 평생을 두고 체득해 가는 인생의 과제이다. 그것을 20대의 젊은 사람에게 조금 얘기한다고 해서 알아들을 수 있겠는가? 경영과 종교를 혼동해서는 안 된다. 이것을 생각 없이 사용하면 쓸데없는 혼란만 불러일으키게 될 뿐이다. 중소기업에서 좋은 인재가 자라느냐 자라지 못하느냐는 약자의 전략에 따라서 방침을 명확히 제시하느냐 못하느냐, 전개가 능숙하냐 아니냐로 결정된다.

경영 방침을 받아들이는 사고방식의 개인차를 감안하라

경영 방침에 따라 구체적으로 지시를 해도 이해하는 데는 개인차가 생긴다. 완전히 같은 밀도로 이해하고, 같은 수준으로 행동하는 일은 있을 수가 없다. 무슨 일에든 "빠른 사람, 늦은 사람, 보통인 사람"이 있는 법이다.

그 차이가 생기는 원인은 다음과 같다.

① 기억력에는 개인차가 있다.

② 이해력에나 응용력에 개인차가 있다.

③ 각자의 출신이나 가정교육에 개인차가 있다.

④ 과거의 직업을 통해 가진 직업관에 차이가 있다.

⑤ 기호나 선입관에 개인차가 있다.

⑥ 행동력에 개인차가 있다.

①과 ②는 학교의 연장선상에 있다. ③은 약간 골칫거리다. 출신환경은 심층심리에 가까워서 개인차가 크다. 생활태도나 사고방식은 부모의 생활 내용과 가정교육으로부터 받는 영향이 크고, 어렸을 때부터 몸에 배인 것이 많기 때문이다. 따라서 출신이나 가정교육의 개인차는 메우기가 어렵다. ④의 직업관도 까다로운 문제 중 하나다. 학교를 졸업하고 취직을 하여 일을 해 나가는 동안에 업무상의 습관이나 사고방식이 몸에 배게 된다. 그것이 바로 직업관이다. 직업관은 직장생활 5~6년쯤이 되면 결정된다. 대학 졸업자라면 27~28세쯤에 기본적인 직업관이 정해지고, 낮아도 30세쯤에는 일에 대한 가치관이 형성된다.

대졸자의 첫 직장이 아침에 일찍 출근하고 저녁에는 빨리 퇴근하는 회사라면, 5~6년쯤 지나면 그런 자세가 직업관으로 몸에 배어 버린다. 보통, 회사를 옮겨 다른 회사에서 일을 하게 되면 업무내용이나 근무 시간, 대우 등 모든 것을 이전에 다니던 회사와 비교하는 것이 보통이다. 새로 취업한 회사가 아침에 일찍 출근하고 저녁에는 늦게 퇴근하여 업무 밀도가 짙다면, 이전에 근무하던 회사는 이랬었는데 하고 불평불만을 늘어놓게 된다. 이렇게 해서 여러 회사를 전전하다가 최소한의 일밖에 하지 않는 인간이 되어 버린다.

그러나 대졸자가 아침에 일찍 출근하고 밤에는 늦게까지 일하면서 철처히 훈련을 받고, 업무 밀도가 짙은 회사에 취직을 한다면, 그 뒤에 전직을 하더라도 일하기가 쉽다. 이전과 비교를 하게 되기 때문이다. 그렇기 때문에 뜨뜻미지근한 회사에 오래 근무한 중도 채용자는 다루기가 무척 힘들다. 더구나 게으름병은 전염되는 성질을 갖고 있어 사원 개인의 관리에 있어서도 여간 곤란하지가 않다.

만약, 뜨뜻미지근한 회사에 40세까지 근무한 사람을 채용한다면, 그 사람의 사고방식은 고칠 수 없다고 생각하는 것이 좋다. 일을 하게 만들어서 얻는 이익보다 교육하는 경비 쪽이 훨씬 더 많이 들어간다. 이와 같이 중소기업에서 중도에 채용하는 사원은 2개 내지 4개 회사를 전직한 사람이 많기 때문에, 사장이 설명하는 경영 방침을 받아들이는 방식에 개인차가 나타나는 것은 어쩔 수가 없다.

그 밖에 ⑤처럼, 개인의 성격에서 오는 기호나 선입관도 있다. 이것도 개인차가 있어서 통일하기가 힘들다. ⑥의 행동력도 그렇다. 말과 행동이 좀처럼 일치되지 않는다.

개인차에 격차가 있는 사원이 한 회사 안에 함께 있으니까 이해력에 차이가 생기는 것은 당연한 일이다.

● 이해력의 차이는 반복 교육과 실행으로 극복해야 한다

그렇다면 이해력의 차이를 메우려면 어떻게 하면 좋은가? 반복 밖에 없다. 한 번 말해도 알아 듣는 사람이 있지만, 열 번, 열다섯 번 말해 주지 않으면 못 알아듣는 사람도 있다. 그렇기 때문에 그것을 상회할 만한 인풋(입력=Imput) 즉, 경영 방침을 되풀이해서 주입시키지 않으면 변화가 일어나지 않는다. 참다운 이해는 한두 번 들은 이야기로 이루어지는 것이 아니라 대개 업무를 통해서 직접적으로 체험했을 때 비로소 가능하다. 되풀이해서 자꾸 듣고 있으면, 전혀 뜻하지 않은 순간에 이야기의 내용을 이해하게 되는 경우가 있다. 이것을 "체득", 또는 "체험 이해"라고 한다.

방침을 정착시키는 데에는 평소의 짧은 시간만으로는 부족하다. 세미나를 듣게 하거나 외부 강사를 초빙하거나 하는 것은 계기를 만드는 것에 지나지 않는다. 이 세상이 아무리 발달한다 하더라도 사원 연수에 묘수나 비법이란 없다.

기본은 올바른 경영 방침에 따라 매일의 반복 작업을 통하여 오랜 시간을 들여서 실행하는 것밖에는 방법이 없다. 그러기 위해서는 휴일의 30%를 할애해야 한다. 그 밖에 다른 지름길은 없다.

원칙 10 | 약자는 "하기 전 비평"을 피하고 현장주의와 체험학습, 4현주의를 중시해야 한다

비난도 사람이 유명하게 되었을 때 대중에게 바치는 세금이다.
– 조너선 스위프트 –

행동을 방해하는 선입관

어린이의 발상은 소박하고, 요점을 잘 파악하고 있다. 어떤 것에도 구애를 받지 않고, 자유롭게 생각하고 자유롭게 발언할 수 있기 때문일 것이다. 일에서는 경력을 쌓아 나감에 따라서 지식의 양이 증가하게 된다. 20대와 30대 전반까지는 급속도로 지식의 양이 증가하지만, 30대 중반에 들어서면 증가율이 저하되기 시작한다.

일이 단순 반복 행위로 끝나거나 과거의 경험으로 대충 처리해 나갈 수 있게 되면서 일 하기가 쉬워진다. 이런 상황에 들어서는 때가 35세 전후이다.

과거의 경험은 중요하다. 그러나 그것이 진취적 사고의 걸림돌로 작용해서는 안 된다. 인간은 무슨 일이 일어났을 때, 선입관에 의거하여 결론을 내리는 경향이 있다. 좋아하느냐 싫어하느냐로 출발점이 정해지고, 그것에 따라서 결론을 이끌어 내는 것이다. 정치 토론은 다분히 그런 경향이 강하다. 처음에 결론부터 내니까 평행선을 그릴 수밖에 없다. 종교는 좋고 싫음이 보다 뚜렷하다. 이야기를 듣기 전에 모든 것을 부정한다.

방위 문제를 예로 들어보자. 중동지역의 아랍군이 보유한 병력수는 몇 명이고 무기까지 포함한 전력은 어느 정도가 된다. 일본이 이와 동등한 전력을 보유하려면 총금액으로 얼마가 들어간다. 이것을 몇 년으로 나눈다면 1년의 방위 예산으로는 어느 정도가 필요해진다. 그것을 실행한다면 국민 생활이 얼마만큼 압박을 받아야 한다는 식의 토론은 지금까지 들어 본 적이 없다.

방위 문제는 언제나 중동이 좋으냐 싫으냐의 원론적인 논의가 중심이 된다. 방위비의 금액은 애매모호하고, GNP 1%의 틀을 지키느냐 지키지 않느냐로 싸움을 벌인다. 1%는 이쪽의 사정에 지나지 않는다. 싸울 상대보다 전력을 상향시키느냐 아니냐를 토론하지 않으면 의미가 없다. 통상적으로 관련 토론자들은 방위 문제 논의에 있어 전력과 예산 부분에 대해서는 무시하고 있다. 무역 마찰에 관한 논의도 이와 비슷하다. 일본을 비난하는 미국의 정치가들은 일본을 비판함으로써 얻게 될 투표수에만 관심이 있다. 무역 마찰의 원인과 해결 방안에 대해서는 귀담아 듣지도 않는다. 따라서 결론은 처음부터 정해져 있는 것이다.

일에 대하여 의욕을 없는 사람은 새로운 지식을 받아들이지 못했을 때 경험만으로 결론을 내리게 된다. 지금까지 없었던 무엇인가 새로운 문제가 일어났을 때, 특히 더 그렇다. 실제 문제에 대한 조사는 생략하고 "턱만 움직여서" 해결을 하려고 한다. 아직 체험하지 못한 현상 속에 또다른 새로운 다음의 기회가 들어 있는데도 불구하고 선입관으로 부정하고 깔아뭉개 버린다. 이래서는 새로운 생각이 들어갈 여지가 없다. 이것이 심해지면 편견이 된다.

편견도 취미에 머물러 있다면 상관없겠지만, 업무에 대하여 지나친 편견을 갖고 있으면 위험하다. 특히 최종 이용자에 대한 선입관이나 편견을 갖게 되면, 고객이 떨어져 나가는 원인이 된다. 고객의 생각과 행동을 진실이라고 생각하고, 자신의 생각을 바꿔 나가는 것이 경영이기도 하다. 그런데도 "요즘의 고객들은"이라든가, "최근의 이용자는 말이야…"하고 고객을 경멸하게 된다면, 경영이 이미 사양길에 들어서 있는 증거라고 보아야 한다.

최저라도 40건, 가능하면 100건

선입관을 버리고 팔리는 상품을 확보하려면 어떻게 하면 좋은가? 신제품을 전부 취급하다가는 창고가 포화 상태로 되겠지만, 그 중에는 의외로 히트할 물건도 있다. 신제품에 대해서는 우선 고객에게 물어보는 것이 좋다. 그러나 두세 명에게 물어보고 나서 성급하게 결론을 내려서는 안 된다. 결론이 일단 신뢰할 수 있는 것이 되려면, "100건"이 필요하다. 자기 주위에서 일어나는 일이 100건이 되면, 그 결론에서 신뢰성이 나온다.

100명의 고객에게 돌아다니며 물어보고 나서, "이런 결론이 나왔다"고 하면 문제는 없다. 대개의 경우는 극소수의 사람과 면담하고 결론을 내린다. 두세 건 돌아다니다가 거절을 당하면, 그 지역을 전부 돌아다녀 보았지만 가망이 없다고 포기해 버린다. 신제품을 취급하기 전에 판매점이나 이용자에게 구매할 것이냐 아니냐를 묻기 전에 먼저 이 상품을 어떻게 생각하느냐고 물어보는 것이 순서이다. 그 수는 최저라도 40명은 되어야 한다.

최초의 계획과 다른 형태로 팔려 나가는 히트 상품이 적지 않다. 신상품을 만든 담당자, 혹은 이것을 팔고 있는 회사가 기대했던 것과는 다른 방향으로 팔려 나가는 것을 "요행수"라고 부르는데, 여러 사람과 만나는 사이에 요행수로 상품이 팔리는 경우도 제법 많다. "요행수"가 여러 건 생기면, 이렇게 하면 더 잘 팔릴 수 있지 않을까 하는 새로운 착상도 떠오르게 된다. 야구로 말하면 3진을 먹고도 1루에서 요행수로 사는 것이다. 그러나 요행수고 뭐고 간에 일단 선수가 타자석에 서야 한다. 즉, 지갑을 갖고 있는 사람에게 의견을 물어보아야 한다는 것이다.

이와 같은 행동을 하지 않은 채, 사무실에서 책상다리를 하고 앉아, "이것도 안 되고 저것도 안 된다"고 영업을 하기 전부터 비평과 불만부터 나온다면 신상품의 영업은커녕, 좋은 상품조차 손에 넣을 수 없다. 선입관에 사로잡히지 않으려면, 일정한 수의 사람들에게 의견을 물으며 돌아다녀야 한다.

● 현장, 현품, 현실, 원칙주의

"백문이 불여일견. 백 가지 말보다 하나의 실행"이라는 옛날부터 내려오는 속담이 있다. 또한 "현장, 현품, 현실"

의 3현주의라고 하는 교훈도 있다. 나는 3현주의에 원칙을 더해서, 글자는 다르지만 "4현주의"라고 명명하고 있다.

현장(現場)주의 --- 그 현장에 자신의 몸을 두는 것이 중요하다. 영업이라면 고객을 만나야 한다. 클레임이 들어오면 현장으로 가는 것이 최대의 해결법이다. 가지 않고 변명만 늘어놓고 있으면, 클레임이 제곱이 되어서 손을 댈 수 없게 된다. 1차적으로 행동을 일으키는 것이 제일이다.

현품(現品)주의 --- 현물과 현물이 있으면 이야기가 빨라진다. 물적 증거이기 때문이다. 물적 증거 없이 이것저것 말해 보았자 말만 길어질 뿐이다. 물건을 가지고 가면 문제가 빨리 해결될 것을 일만 더 커진다. 그것이 귀찮아서 손을 빼고 말로만 속여 넘기려고 하다가는 일만 더 커진다.

현실(現實)주의 --- 사물에 대한 사고방식이 지나치게 현실과 동떨어져 있어도 곤란하다. 가령 지금의 세상이 어떻다든가, 요즘 젊은이는 모두 어떻다는 것 등을 이유로 판매 저하를 어쩔 수 없는 것처럼 변명하는 경우다. 또, 지역에 대해서도 지역이 나쁘다는 등의 핑계만 대고, 행여, 그럭저럭 팔리는 지역이 있으면, 그곳은 특별하다는 변명만 늘어놓고 영업이 떨어지는 진짜 이유를 연구하려고 하지 않는다. 만약, 그곳이 안 된다면 될 수 있는 어디 다른 곳으로 옮겨

가면 되는 것을, "안 된다, 안 팔린다"고만 말하고 몇 년째 그 지역만 돌고 있다. 그런 사람은 자신이 오히려 그 지역을 못 쓰게 만들고 망치고 있다는 사실을 깨닫지 못한다. 지금 놓여진 입장과 조건을 인정하고 그 속에서 최대의 효과를 올리는 방법을 구체적으로 생각해 보지 않는다. 현실을 무시한 공론은 약자에게는 큰 적이다. 핑계에 익숙해지면 진지한 노력이나 도전을 하지 않게 되기 때문이다.

원칙(原則)주의 --- 기본적 발상에는 원칙이 되는 룰이 있다. 경영의 추진 방식에는 강자의 전략과 약자의 전략이 있다. 이 2가지 전략은 분명하게 구별해서 응용해야 한다. 방법을 잘못 선택하면 실패의 원인이 되기 때문이다. 약자의 전략 원칙으로 실행해야 하는 것을 강자의 전략으로 실행해서 실패하는 예가 적지 않다. 이것을 "전략상의 방만 경영"이라고 한다. 기업이 도산하는 원인 중 40%는 전략상의 방만 경영 때문인 것 같다.

이상 4가지 주의야말로 약자가 명심해야 하는 포인트이다. 약자는 모름지기 하기 전부터 비평을 가할 것이 아니라, 우선 행동을 일으켜야 한다. 그리고 물적 증거주의로 일을 추진해 나가지 않으면 승기를 잡을 기회를 스스로 상실하게 된다.

원칙 11 약자는 중장비적인 발상을 피하고 경장비와 자유도의 높이로 승부해야 한다

일의 기량을 닦기 위해서 가장 중요한 것은 실행과 경험이다.
– 콜 루 맬라 –

재무의 경장비

중장비는 우선 보기가 좋다. 토지도 갖고 있고, 건물도 새로 지었고, 최신 설비도 가지고 있고…. 그러나 중장비가 될 수 있는 것은 상대보다 높은 수준을 지닌 강자의 기업뿐이다. 중소기업의 힘은 한정되어 있어서 중장비로 만전을 기할 수가 없다. 경영 자원을 효과적으로 사용하기 위해서는 모름지기 경장비에 뜻을 두고, 자유도의 높이를 지킬 필요가 있다.

경장비는 약자에게 중요한 발상의 하나이다. 약자는 경영 계획과 그 행동에 경장비의 사고방식을 적용해 나가지 않으면 안 된다. 경장비 발상을 어떻게 사내에 정착시키느냐가 경영자의 수완이다. 이것이 조직 풍토의 출발점이기도 하다.

재무상 중소기업의 결점은 자기자본 비율이 낮다는 것이다. 부족한 자기자본을 차입금이나 지불어음 등의 다른 사람의 자본으로 보충하고 있다. 그러나 차입금에는 이자를 지불하지 않으면 안 된다. 차입금이나 지불어음이 증가하면 장부가 복잡해져서 경리의 일손이 필요해지고 비용도 들어간다. 또 차입금의 20% 정도는 정기예금이나 그밖의 예금으로 은행에 예치해 두어야 한다. 결국 차입금이 많아지면 총자본이 물거품처럼 부풀어 올라서 중장비적인 재무 체질이 된다.

회사의 재무 내용이 물거품 체질인가, 아니면 근육질인가를 보는 기준에 "총자본 회전수"라는 것이 있다. 총자본 회전수의 계산 방법은 매상고를 분자로 놓고, 총자본을 분모로 가져가서 나눈다. 즉, 매상고와 총자본의 비율이다(표 27).

[표 27]

$$\text{총자본 회전수} = \frac{\text{매상고}}{\text{총자본(어음 할인 포함)}}$$

일정한 매상고에 대하여 회사에서 움직이고 있는 총자금이 많아지면, 회전수는 저하된다. 총자본의 회전은 "재무상의 역률"을 나타내기 때문에, 이 수치가 낮은 회사는 재무 역률이 나쁜 회사가 된다. 즉, 거품으로 실제보다 지나치게 부풀어 있다는 것을 의미한다.

A사는 1년간의 매상고가 10억 엔이었다. 그리고 대차대조표의 총자본은 6억 엔이었다. 그러니까 6억 엔의 돈을 굴려서 10억 엔의 매상을 올렸으니까, 총자본 회전수는 1.33회이다. 한편 같은 업종의 B사는 1년간의 매상고가 10억 엔이었으나 총자본도 10억 엔이었다. 따라서 총자본 회전수는 1.0회이다. B사는 10억 엔의 돈을 굴려서 10억 엔의 매상을 올렸지만, A사는 6억 엔으로 10억 엔의 매상을 올렸다. 따라서 B사 쪽은 4억 엔을 쓸데없이 더 투자했다. 이 4억 엔이 중장비가 되는 것이다 (표 28).

재무상 좋은 회사가 되기 위해서는 자기 자본을 늘리지 않으면 안 된다. 지불어음을 없애고 차입금을 줄여 나가면 자금의 변통이 쉬워진다는 것은 알고 있지만, 단번에 자기자본을 늘릴 수 있는 것은 아니다. 자기자본이 부족해서 여유가 없을 때에는 돈의 사용에 있어 세심한 주의가 필요하다. 첫째로 주의해야 할 점은 고정 자산이 늘어나지 않도록 하는

[표 28]

자산계정	부채계정
	차 입 금
고정자산	자기자본

것이다. 부동산을 소유하면 신용이 늘어나서 안정될 것이라고 생각하는 경영자가 적지 않다. 그러나 전액 차입으로 1억 엔의 토지를 사면, 표면상으로는 1억 엔짜리 토지를 소유하고 있기 때문에 신용이 있는 것처럼 보이지만 빚도 1억 엔이 있으니까 실제로는 플러스가 아니다. 오히려 유지비가 들어가기 때문에 마이너스다.

1억 엔의 차입에 대한 이자를 지불하고도 남은 이익이 생기면 좋지만, 그렇게 되지 않는다면 큰 부담이 된다. 물론 지가 상승으로 결국에 가서는 이익이 생긴다는 반론이 반드시 나오겠지만, 그것은 힘이 붙고 난 다음의 얘기다.

재무상의 경장비란 이익을 낳지 않는 곳에는 자금의 배분을 피하고, 이익을 낳는 곳에만 중점적으로 자금을 배분하는 것이다. 고정 자산 계정에서 보면, 토지와 건물에 이어서 금액이 많은 것은 차량비용이다. 자동차 회사의 영업 사원의 부추김에 넘어가서 방심하면, 한 대에 2백 5십만 엔이나 3백만 엔이 금세 없어진다. 비싼 차를 여러 대 구입하면 차량의 계정 과목이 거품처럼 부풀어 버린다. 따라서 차량의 경비도 억제하지 않으면 안 된다.

어떻게 경장비를 유지하느냐가 재무 전략의 기본 마인드임을 명심하기 바란다.

자금 고정화 업종에는 손을 대지 말라

그 중에는 중장비형이 아니면 해나갈 수 없는 업종도 있다. 호텔업이나 레저센터, 예식장 등이 그렇다. 건물이 크고 화려하니까 겉보기에는 정말이지 모양새가 좋다. 호텔의 소유자는 확실히 강자의 우월감을 맛볼 수 있을 것이다. 그 대신에 돈이 엄청나게 들어간다. 더구나 그 돈은 모두 고정 자산이다. 일단 자금이 고정화되면 철수를 할 수가 없다. 장사를 중단하더라도 금리를 비롯해서 유지비로 일정한 돈이 나간다. 이런 업종에서 도산하는 회사가 자주 나오는 것은 자금의 고정도가 높기 때문이다.

중장비의 업종은 자기자본을 충분히 가지고 있는 재무상의 강자가 하는 사업이다. 민영 철도처럼 동원력과 집객력을 가지고 자금 조달력도 있는 회사가 손을 댄다면 나쁘지는 않다. 그러나 약자는 손을 대서는 안 된다. 화상만 입을 뿐이다. 옛날에 별장지 개발로 큰 돈을 벌어들인 회사가 많았지만, 모두 어느 틈엔가 사라지고 말았다. 자금력이 없었기 때문에 오래 버티지를 못한 것이다. 또한 이런 회사는 매상이 오를 때까지 오랜 기간이 걸리는 약점을 갖고 있다.

이런 예가 있었다. 규슈의 아소산 부근을 개발하여 그곳에 대규모의 호텔과 맨션을 갖춘 휴양지를 건설하려고 한 회사가 있었다. 그 회사는 자기자본이 거의 없어서, 건설 자금은 투자가들로부터 모으려고 했지만, 남의 돈을 끌어다가 큰 사업을 끌고 나갈 수가 없었다. 자금이 달려서 끝내는 공중 분해되어 사라지고 말았다. 이런 것을 보고, "자신의 분수도 모른다"고 말한다.

성공하기 위한 재무 발상은 총자본을 줄여서 몸을 가볍게 만드는 데 있다.

● 조직 분야의 경장비

두 명 이상의 사람이 모이면 조직이 생겨난다. 사람의 수가 많아짐에 따라서 조직도 커진다.

조직 구성을 할 때, 자주 모델로 삼는 것이 군대나 행정 기관일 것이다. 군대나 관청은 옛날부터 있어 온 조직 집단이니까, 조직이라고 하면 관청을 무의식적으로 떠올리게 된다. 우선 이미지에 떠오르는 것이 "피라밋 구조"의 배열이다. 그러나 이 관청형 조직 구조는 "도산할 걱정이

없는 집단", 즉 일종의 강자의 조직 구조라는 것을 잊어서
는 안 된다.

정부나 군대의 집단은 고객을 만들 필요가 없다. 집단의
힘이 "권력"이 된다. 그 권력을 지키기 위한 조직이 피라
밋형인 것이다. 권력이란 "지배자가 피지배자를 복종시키
는 힘"이니까 강자의 조직이 되는 것은 당연하다.

피라밋형 구조는 언뜻 보기에는 합리적인 것처럼 보이
지만, 이것은 권력을 지키기 위해서 오랜 세월을 거쳐서
이렇게 되었다는 사실을 잊어서는 안 된다. 행정 조직이
해야 하는 "의무나 서비스"를 원활하게 하기 위해서 만든
것이 아니라, "내부의 이해(利害 = 이익과 손해)를 지키기
위해서", 즉 내부에 있는 자가 맛있는 밥을 계속 먹을 수
있게 하기 위해서 그렇게 되어 있는 것에 지나지 않는다.

개발도상국의 권력자의 행동이나 군대의 행동거지를 보
면 잘 알 수가 있다. 내부의 이해가 최우선이다. 어느 나
라의 관청이나 모두 기본적으로는 이와 다를 바가 없다.
조직 내부에 중간직이 많아지게 되면, 사전 조율이나 합의
를 얻기 위한 회의가 많아진다. 조직 계층의 2승에 비례해
서 복잡해져 간다.

관청이나 군대는 아무리 복잡하게 되더라도 도산할 걱

정이 전혀 없으니까 해나갈 수가 있다. 그런데 중소기업의 경영에서는 그렇게는 되지 않는다. 사장의 권력으로 사원을 복종시킬 수는 있어도 "지갑 보유자"를 복종시킬 수는 없다. 시장 점유율이 42% 이상이 되면 시장 지배력이 생기는데, 이것은 시장을 통해서 동종의 다른 회사를 지배하고 있는 힘이다. 약자는 시장을 지배하기는커녕 오히려 "시장으로부터 지배" 당하고 있다.

시장의 최말단에 있는 이용자나 개인으로부터 거꾸로 지배당하고 있는 것이다. 이것이 권력기구와 영리기업의 결정적인 차이다. 고객으로부터 지배를 당하고 있는 이상, 지배하고 있는 이용자의 목소리에 귀를 기울이지 않으면 안 된다. 그것도 멀리서 기울이면 안 되고, 가장 가깝게 접근하여 솔직하고 진지하게 의견을 들을 필요가 있다. 더구나 가끔씩이 아니라 자주 많이 들어야만 한다.

그러기 위해서는 고객의 요망이나 주의사항이 즉각 회사 내로 전달되는 조직으로 만들어 놓아야 한다. 그렇지 않으면, 지배자의 비위를 거스르게 된다. 요컨대 경장비형 조직 구조가 아니면 대응할 수가 없는 것이다. 고객에게 접근하여 그 움직임이나 생각을 자세히 관찰하고, 의견을 듣고 검토를 할 수 있는 조직 구조가 1차적인 선결사항이고 필수 조건이기도 하다.

사장이 고객을 만나지 않게 되고, 자신은 경영의 지배자라고 착각하기 시작하면, 그 회사는 도산하게 될 것이다. 이러한 권력형 사장 밑에 100명의 사원이 모여 있다 하더라도, 그것은 쓸모없는 조직체일 뿐 아무것도 아니다. 이윽고 이 조직은 내부 조직원들에게만 신경을 쓰는 "이해집단"이 되고, 참다운 기업 지배자인 고객으로부터 버림을 받아서 『도산 업체』 리스트에 실릴 운명에 처하게 된다.

약자는 경장비의 조직을 만들어라

그렇다면 지갑을 가진 권력자로부터 사랑받는 회사가 되려면 어떻게 하면 좋은가? 약자의 조직 전략의 요점을 정리하면 다음과 같다.

① 사장 스스로 자사의 상품을 팔아주는 판매점의 의견을 듣는 마음가짐을 가질 것.

② 사장 스스로 상품을 소비해 주는 사람들의 의견을 듣는 진지한 마음가짐과 행동력을 가질 것.

③ 들은 의견은 사내의 간부와 사원에게 즉각 전달할 수 있는 체

제로 만들 것.

④ 일반 사원이 들은 고객의 요구사항을 사장에게 바로 보고해도 인간관계가 나빠지지 않는 조직 풍토를 만들 것.

⑤ 고객에게 중대한 실수를 범한 경우, 이것을 동료끼리 숨기지 말고 사장 또는 상사에게 보고할 수 있는 체제를 만들 것.

⑥ 회사가 지닌 힘의 70%를 고객 쪽으로 돌릴 수 있도록 사장 스스로가 모범을 보일 것.

이 6가지 요점을 충족시키려면 조직체가 경장비가 아니어서는 안 된다. 관청이나 군대처럼 중간에 여러 계층이 있고 복잡하게 얽혀 있으면 정보의 전달 속도가 늦어진다. 무슨 일이 생기면 우선 관계 대책 회의를 연다. 그리고 이러쿵저러쿵 떠들어대지만 결국에는 고객으로부터 들어온 요망에 대한 대책은 도중에 흐지부지 사라져 버리는 것이 고작이다.

중소기업에서 관청이나 대학처럼 강자형의 중장비 조직 구성을 갖게 되면 어떻게 될까? 조직의 구성원은 강자가 아닌데도 지배자인 척하고, 고객으로부터 요망이 들어와도 사내의 사정이나 사내의 인간관계를 우선시하고 방치해 버린다. 이것을 "대기업병"이라고 한다.

중소기업은 조직이 경직화되면 말기에 가까워진다. 그렇게 되지 않기 위해서는 고객의 요망에 즉각 대응할 수 있는 경장비 조직체로 만들 필요가 있다. 그렇게 하려면 어떻게 하면 좋은가? 회사 내부를 3개의 조직 계층으로 만들어야 한다. 고층 빌딩이 아니라 3층짜리 빌딩으로 마감하는 것이다. 계층이 적을수록 좋다. 종업원이 20명 내지 30명이라면 명함상으로는 중간 관리직을 여러 계층 만들 수 있지만, 좋은 회사는 계층이 2개로 되어 있는 예가 많다.

2계층 조직체는 경장비이기 때문에 자유도가 최고로 높다. 운영 코스트도 싸게 먹힌다. 정보의 전달 속도는 조직 계층의 2승에 비례하여 늦어지니까, 2계승이라면 2×2로 4분의 1, 4계층이 되면 16분의 1이 된다. 사실 고수익을 올리고 있는 회사는 종업원 수에 비해서 관리직의 수가 적다. 1년간 매상고가 같다면 간접 인원이 적은 회사가 경쟁력이 높다.

1년간의 매상고에 대한 관리직의 수, 1년간의 매상고에 대한 간접 인원수는 조직을 평가하는 포인트이다. 이것은 결국 모든 종업원 1인당의 매상고, 1인당의 경상 이익고의 좋고 나쁨이 되어서 나타난다. 따라서 약자의 조직체는 "1

인당"의 숫자를 중시하지 않으면 안 된다.

회사는 회사에 여러 해 근무했다는 것만으로 관리자의 업무를 부여한다면 그 회사는 자유도를 잃게 되고 강자형 조직이 되고 만다.

경영 서적에 언제나 나오는 것은 "관리"라는 말이다. 관리해야 할 분야를 크게 나누면 세 가지다. 첫째는 사내이고, 둘째는 이용자의 요망과 그 변화이며, 셋째는 경쟁 상대의 동향이다. 이 3가지 가운데 사내에 있으면서 관리할 수 있는 것은 첫째 뿐이고, 둘째와 셋째는 회사 밖으로 나가서 적극적으로 정보를 수집하지 않으면 해결할 수가 없다. 관리 전체의 무게로 따져보면, 사내는 30%이고, 고객의 문제와 경쟁 상대의 문제가 70%이다.

진짜로 관리해야 할 것은 회사 밖에 있다. 따라서 경장비와 자유도를 유지하는 조직이 필요한 것이다. 상황 변화에 따라 잽싸게 움직일 수 있는 것은 경장비 회사뿐이다. 경영의 모든 분야에 경장비의 사고방식을 적용해 나가고, 언제나 자유도를 높게 유지해야 한다. 이것은 약자가 강자에게 이기기 위한 절대 조건의 하나이다.

원칙 12 약자는 안이하게 남의 힘에 의존하지 말고 독자 노선을 개발해야 한다

부자가 되는 가장 가까운 길은 부를 경영하는 데 있다.
- 루시우스 아나에우스 세네카 -

이익이 나지 않는 하하청 기업

상품 이용자로부터 멀어지면 이용자의 요망을 알 수 없게 된다. 그뿐만 아니라 돈을 벌 수도 없게 된다. 건설업계는 1974년부터 불황이 시작되고, 1980년부터는 더욱 나빠졌다. 시장은 크지만 업자의 수가 그것보다 훨씬 많기 때문에, 만년 과당경쟁 업종인 것이다. 건설업계 가운데서도 하청의 하청공사는 이익이 적다. 1인당 월간 순이익이 1만 엔 전후이거나 그것을 밑돌고 있다. 수익도 나지 않는 데다가 받은 어음까지 부도가 나는 경우가 생기므로 도산하는 업체가 많다.

하하청업체로서는 자신의 사정으로 인해서 단가를 올리거나 고급품을 권하거나 할 수가 없다. 대기업이 수주한 공사는 직종별 업종으로 나누어서 하청업자에게 발주하고, 하청업자는 공사의 일부를 또 다시 하청업자에게 맡긴

210

다. 원청의 입장에서 보자면 2차 하청이 된다. 이것을 "하하청"이라고 한다. 중간에서 2개의 회사와 이익을 나눠 가지므로 하하청 회사는 이익을 내기가 어렵다(표 29).

[표 29]

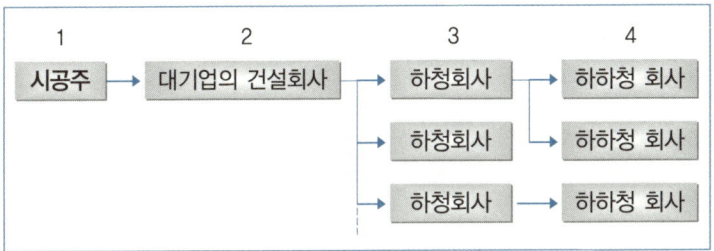

시공주가 지불한 돈은 대기업 건설업자의 금고에 일단 들어간다. 그러나 이것이 하청회사에 지불될 때에는 1만 엔짜리 지폐의 모서리가 2센티미터쯤 가위로 잘려져 있다. 이 돈이 하청회사의 금고에서 다시 나와서 하하청 업자에게 건네질 때에는 또 다시 2센티미터쯤 잘려져 있다.

하하청 회사가 돈을 손에 넣을 때에는 절반으로 줄어들어 있는 것이다. 이런 실정에서 이것저것 경영 노력을 해보았자 한계가 있다. 경영 노력의 폭을 "전략 자유도"라고 하는데, 하하청 업자의 자유도는 매우 작다. 공사 매상고 가운데 절반 또는 그 이하로 하하청공사가 공사를 해야 한다면 경영 내용이 좋아질 전망은 거의 없다.

하청이나 하하청의 일로 1년간 매상고 7억 엔을 올리는 것보다, 원청으로 1년간 매상고 2억 엔을 올리는 쪽이 더 강한 체력을 갖고 있다고 보아도 좋을 것이다. 이익이 나지 않는다는 것을 뻔히 알고 있으면서도 왜 하하청의 일을 하는가? 그것은 영업하기가 간단하기 때문이다.

원청으로부터 직접 일을 따오려면 몇 번을 찾아가서 이야기를 하고 또 해야 한다. 영업을 성사시키기까지 고충이 많다. 그 대신에 수주가 결정되면 노력에 따라 이익을 낼 여지가 많다. 이것이 귀찮아서 자칫 하하청의 일을 맡기 시작하면 영업을 점점 더 할 수 없게 된다.

고도 성장시대에는 "공사 70%에 영업 30%"로 충분했다. 그러나 구조적인 불황이 계속되자 "영업 70%에 공사 30%"로 변해 버렸다. 그제서야 목수나 중소의 기계장비 회사들도 경영의 포인트를 영업활동에 두게 되었다. 가장 중요한 영업을 스스로 노력하여 개척하지 않고 타인에게 맡기고 돈을 벌려고 한들 돈이 들어올 리가 없다.

시공주로부터 누가 제일 먼저 돈을 받느냐에 따라서 돈벌이의 구조가 정해지는 것이다. 경영의 중심인 영업을 타인에게 의존하고 있는 이상 수익률이 좋은 회사가 될 수 없다.

하청 테이블 회사

하청으로 돈을 벌 수 없는 것은 비단 건설업자 뿐만이 아니다. 제조업도 그렇다. 상품 공급의 중심을 이루는 회사로부터 최종 이용자에 이르기까지의 단계가 긴 상품은 1차 하청회사라 하더라도 잘 되지 않는다. 이전에 나는 회의용 테이블을 만드는 회사와 거래를 한 적이 있었다.

자사가 만든 테이블을 이용자에게 직접 판매하는 것이 아니라, 대기업 사무기기 메이커의 하청을 받고 있었다. 직접 하청을 받으니까 어느 정도 이익이 남을 것이라고 생각되지만, 꼭 그렇다고만은 할 수가 없었다. 왜 그럴까?

자신의 회사를 1단계라고 한다면, 최종 이용자까지 5단계를 거치게 되기 때문이다(표 30).

[표 30] 고객으로부터 5단계나 벌어진 테이블 제작 하청업자

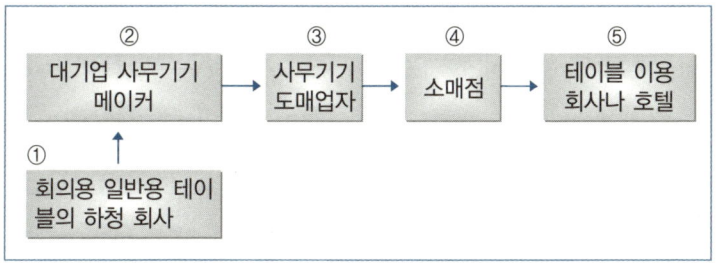

도매업자가 소매점을 건너뛰어서 직접 판매한다고 하더라도 4단계가 된다. 이래서는 테이블 하청회사는 고객으로부터 너무 멀리 떨어져 있기 때문에 이익이 남지 않는다. 이런 하청회사의 숙명적 약점은 내부 합리화를 추진하더라도 메이커로부터 그것을 상회하는 가격 인하 요구를 받아야 한다는 데 있다.

대기업 사무기기 회사의 사입처 과장은 1류 대학을 나오고 머리도 비상하다. 냉난방이 잘 되어 있는 실내에 앉아서 하청의 단가를 낮추는 게 일이다. 어떻게 새로운 명목을 붙여서 값을 깍을까만 궁리하고 있다. 그러나 하청업체의 사장은 공장에서 땀을 흘리면서 열심히 장시간 노동에 시달리고 있으므로 여기에 대응할 생각도, 방법도 나오지 않는다. 그래서 대기업 메이커한테 언제나 일방적으로 당하고만 있는 것이다.

만들어 낸 상품을 판매하는 것은 대기업 메이커의 영업사원과 판매점의 점원이다. 그래서 이 하청 테이블 메이커의 사장은 영업을 하지 않아도 된다. 일단 대기업 메이커에 영업을 하러 찾아가지만, 그것은 "이 달의 생산 할당"을 받으러 가는 것이다. 할당과 영업은 전혀 다르다. 할당을 영업이라고 착각하고 있는 것에 돈을 벌지 못하는 진짜 원인이 있다.

이익이 오르지 않더라도 하청회사의 설비나 직원은 증가하게 된다. 즉, 이익의 축적에 관계없이 경영 규모가 커져가는 것이다. 그러나 이익이 나지 않으니까 자기자본은 증가하지 않는다. 자기자본은 증가하지 않는데도 경영 규모만 커지면, 체질이 약해지는 결과를 가져와 오히려 더 위험하다.

경영 규모가 커지게 되면 나빠지는 요소가 또 한 가지 있다. 그것은 영업력이다. 영업력은 경영 규모에 따라 더 필요해지는 데도, 모회사로부터 할당을 받아서 하는 일이기 때문에 생산량은 증가해도 영업력은 늘어나지 않아도 된다. 그래서 소수의 회사에 의존하는 경영에서는 영업력이 오히려 약체화되어 간다. 영업력의 약체화는 기업에게 치명상을 입히는 주 요인이 될 수 있다.

상품의 공급이 수요를 초과하면, 만드는 것 30%에 판매하는 것 70%로 바꿔 나가지 않으면 안 된다.

영업을 전부 다른 사람에게 맡겨두면, 그 당시에는 편할 수 있겠지만 그 후유증이 반드시 남게 된다. 00회사라고 하는 대기업의 하청회사가 되면, 그 회사와 운명공동체처럼 보인다. 명함이나 간판에 00대기업 협력공장이라고 쓰면, 모르는 사람은 "좋은 회사군요!"하고 말해줄 것이다.

그러나 이것은 위험하다. 운명공동체라고 생각하고 있는 것은 하청회사 혼자만의 생각이고, 상대방은 절대 그렇게 생각하고 있지 않기 때문이다.

수요가 감소하기 시작하면 언젠가는 정리될 운명에 놓여 있다. 이제까지 받고 있던 할당량이 줄어들면 직원이 남아돌게 된다. 인원을 정리하는 것은 그리 쉬운 일이 아니다. 그런데도 다시 일감이 늘어나겠지하는 헛된 망상에 혼자 좋은 방향으로 멋대로 생각하고, 인원 정리에 대한 결단이 늦어져서 큰 적자가 나기 시작한다. 이렇게 되자 모회사에 원조를 청해 보지만 아마 상대도 해주지 않는 것이 대부분일 것이다. 뒤늦게 속았다고 후회하고 소송을 하겠다고 소란을 떨지만, 얼마 가지 않아 도산해 버리고 만다.

나는 16년간 컨설팅업계에서 기업조사 업무를 담당하면서 이런 예를 수없이 많이 보았다. 이러한 도산은 앞으로도 계속 일어날 것이다. 가장 중요한 경영의 핵심을 다른 사람에게 맡기고서는 아무리 회사를 신장시키려고 해도 알맹이 없는 빈 껍질만 남을 것이고, 결국에는 반드시 벽에 부딪쳐 산산이 부서지고 말 것이다.

대기업의 하청을 하는 동안 체제를 정비하고 독자 노선을 개발하지 않는 한 중소기업의 장래는 없다.

다른 사람의 힘을 믿지 말라

우리는 흔히 다른 사람의 힘을 믿고 시작했다가 잘 되지 않는 경우를 종종 본다. 제일 흔한 예가 친구나 친지와 하는 동업을 하는 것이다. 혼자 독립해서 회사를 만들면 누구나 불안해진다. 그래서 믿을만한 사람과 동업하기를 원한다. 친구나 친지라면 함께 사업을 해도 안심할 수 있기 때문이다. 또 한편으로는 내심 "상대방(동업자)의 노력과 돈"을 믿고 있다. 만일의 경우에는 저 녀석이 어떻게 해줄 것이라고 말이다. 상대방도 당신과 똑같이 생각하고 있어서, 나중에는 책임을 서로 상대방에게 떠넘기게 된다.

독립한 지 5년 미만인 회사는 경영 기반이 약하다. 샐러리맨 시절에 갖고 있던 인맥은 4분의 1이나 5분의 1 이하로 줄어들기 십상이다. 전 직장에서 몇 번씩이나 찾아가서 거래를 성사시킨 거래처를 자신의 단골로 생각하고 있지만, 사실은 어디까지나 이전에 근무하던 회사의 경비와 인건비를 투입해서 얻은 성과일 뿐이다. 그런데 자신도 모르게 이것을 "자신의 실력"으로 착각해 버리는 것이다.

독립하면 밀어줄 것으로 믿고 있었던 거래처가 막상 독립하니까 그렇게 마음먹은 대로 해주지 않는다. 고객의 입장에서도 그렇게 간단하게 거래처를 바꿀 수 있는 문제가 아니다. 새로 독립해서 3년 동안 자신의 힘으로 새로운 고객과 영업선을 개척했을 때 비로소 사업의 장래성이 보인다.

이 괴로운 시기는 단짝 클럽적인 경영으로는 도저히 극복해 나갈 수 없다. 또 경영을 다각화하거나 영업소 지점을 낼 때에도 다른 사람의 힘을 믿었다가는 실패한다.

중소기업이 모여서 공동사업을 하는 조합도 성공 사례가 적다. 조합 가입업체들이 서로의 힘을 과신하기 때문이다.

경영 환경의 변화가 해마다 가속이 붙어 점점 더 빨라지고 있다. 상품은 다품종, 다양화가 진행되고 있다. 다양화가 진행되면 한 품목당의 상품 수요는 줄어들게 된다. 이것을 극복해 나가려면 경영에서 독자성을 가져야 한다. 독자성이 없으면 속도가 느려지기 때문이다.

약자는 모름지기 타인이나 타사의 힘을 믿지 말고, 독자적인 길을 개발하는 용기를 가져야 한다.

약자는 이동시간이 많은 광역전을 피하고 국지전 판매를 중시해야 한다

행동을 초래시키지 않는 생각, 그것은 생각이 아니라 공상이다.
– 엘리자 램브 마틴 –

약자는 지역을 중시하라

소규모의 군대가 대규모의 군단을 격파한 싸움이 역사상 몇 번 있었다. 그 승리의 요인 가운데 하나가 지형의 이점을 이용한 것이다. 오다 노부나가의 오케하자마의 싸움과, 그리스의 마라톤 싸움이 그 대표적인 사례일 것이다. 좁은 지형에서는 중장비의 군대는 운신하기가 용이하지 않다. 병력수가 적더라도 한정된 지역 내에서 경장비로, 그리고 적보다 많은 병력수로 싸운다면, 유리하게 싸울 수 있기 때문이다.

영업활동에서 지형에 해당하는 것이 지역이다. 이것을 지역 전략의 국지전이라고 한다. 영업사원수가 적은 약자의 영업활동에서는 국지전을 중시해야 한다. 약한 영업력이라 하더라도 특정한 지역에 집중해서 투입하면 시장 지

배력이 생겨나게 된다.

우위에 서 있다는 것을 확인하고나면 그곳을 단단히 지킨다. 그리고 같은 방법으로 다른 지역의 점유에 착수한다. 이것이 바로 약자의 지역 전략이다.

영업력에는 다음과 같은 3가지 요점이 있다.

첫째는 "순수한 영업력"이다. 즉, 영업사원 개개인이 지닌 영업능력이다. 이것을 "전술상의 영업력"이라고 한다.

둘째는 각 영업사원이 갖고 있는 영업력을 특정 지역에 집중 투입하는 능력이다. 투입하는 지역을 잘못 선정하면 성과가 나오지 않는다. 이것을 "지역 전략"이라고 한다.

셋째는 어떤 유통 채널을 사용할 것인가? 도매와 소매 루트에 편승할 것인가, 직접 판매로 나갈 것인가? 이것을 "상품 유통 전략"이라고 한다. 둘째와 셋째를 합친 것을 "판매 전략"이라고 부른다.

강한 판매력을 가지고 있는 중소기업이라 하더라도 각 지역에 영업소를 만들어 영업 전력을 분산해서 투입하면 성과가 오르지 않는 회사가 있다. 각 개인이 엄청난 영업력을 가진 프로 판매 집단 회사가 후쿠오카에 있었다. 상품을 방문판매하는 회사였는데, 메뚜기 떼처럼 지역적으로 대거 이동하는 방식이었다. 3~4년 동안은 꽤 많은 돈을 벌었다. 영업사원은 고액연봉자 수준의 높은 수입을 올렸다. 그러나 자신들의 영업력을 과신하고, 영업지역을 지나치게 넓혀 나갔기 때문에, 얼마 뒤에 도산하고 말았다.

그곳에 영업사원이 독립해서 다시 똑같은 방식으로 경영을 시작했으나, 1년도 채 되지 않아서 또 다시 도산하고 말았다. 일년 내내 이동을 계속하는 메뚜기떼처럼, 같은 지역에는 두 번 다시 찾아가지 않는 방법도 나쁘지는 않을 것이다. 그러나 가을바람이 불면 식량이 부족해서 수명이 다하고 만다. 이런 사업은 안정되지 않는다. 영업사원 개개인이 지닌 힘과, 그 힘을 어느 지역에 집중해서 전략적으로 투입하는가는 다른 문제이기 때문이다.

풀 케미션 업계에서 전국적으로 이름이 알려져 있는 프로 영업맨은 중소기업 경영자의 급료보다 4~5배 이상을 가볍게 벌어가는 수완가다. 그러나 독립해서 경영을 하면 서툴기 짝이 없다. 지역 전략이고 뭐고 필요 없다고 생각하기 때문에 마구잡이로 범위를 넓히려고 한다. 새로 독립한 신설회사가 할 수 있는 것은 구의원 출마가 고작인 데도 대뜸 다수당의 전국구로 출마하고 싶어 하는 것이다. 분명히 그 자신은 슈퍼 영업맨이었겠지만, 종업원은 보통이나 그 이하의 영업맨이기 때문에 파워가 작다. 그 작은 파워를 다시 분산시켜서는 성공할 가능성이 없다.

영업사원의 힘이 강하다면 그나마 다행이다. 그 힘을 특정한 유통 채널과 특정한 지역에 집중해서 투입한다면 보다 강한 회사가 될 수 있다.

● 시간은 경비다

회사에서는 반드시 일반 관리 비용이 들어간다. 판매회사라면 경리와 같은 간접 부문의 비용을 빼고라도, 영업사원의 인건비와 영업에 부대하여 발생하는 비용이 거의 65%를 차지한다. 판매하는 것이 장사니까 당연하다면 당연하겠지만, 어쨌든 일반관리비의 65%를 영업활동 자체를 위해 쓰는 것이다.

거래처를 순회하는 데도 1시간당 "얼마"의 돈이 나가고, 납품을 하기 위해 자동차가 움직이면 1시간당 "얼마"의 비용이 들어간다. 수금을 하러 다녀도 1시간당 "얼마"의 돈이 들어간다.

애프터서비스도 마찬가지로 1시간당 "얼마"의 돈이 나간다. 이 비용은 영업에 의해서 벌어들인 외형적 이익에서 빠져나간다. 이렇게 해서 총 비용의 65%가 거의 이런 항목으로 사라져 간다. 더구나 이 비용의 유출은 짤랑짤랑하고 소리를 내지 않기 때문에 자칫 잘못하면 알아채지도 못한다.

지역에 영업력을 집중시키면 이런 경비가 "비교적 싸게" 먹힌다. 경비가 싸게 먹히는 것이 강점이다. 중소기업 전체 산업 평균에 의하면, 외형적 이익 중 90%에서 95%가 인건비, 제경비 및 금리와 잡비로 빠져나가 버린다. 따라서 "세금포함" 이익은 "외형 이익"의 불과 "5%~10%" 밖에 안 된다. 예를 들어, 외형 이익률을 15%로 100만 엔의 매상을 올려도, 인건비나 제경비를 빼고 나면 "세금포함" 이익은 7,500엔에서 15,000엔 밖에 안 된다.

그 가운데서 다시 절반을 국가에 세금으로 내야 하니까 나머지는 미미하다. 이익을 많이 내기 위해서는 가장 많은 경비 소요가 발생하는 영업 비용을 억제하는 것이 가장 효과적이다. 그러기 위해서는 국지전의 영업 전략이 세워져야 한다. 그러면 시장 점유율이 올라가고 그 효과는 다시 아래와 같은 비용 절감으로 이어진다.

① 시장 점유율이 높아지면, 거래처 1개 업체당의 순회 이동시간이 짧아진다. 이동시간의 인건비 및 영업에 수반하여 발생하는

경비가 그만큼 싸진다.

② 시장 점유율이 높아지면, 납품의 비용도 싸진다. 한 건 한 건의 이동시간이 짧으면 배송 비용도 적게 든다.

③ 시장 점유율이 높아지면, 수금활동도 편해진다. 수금을 위해 돌아다니는 이동시간이 짧아지기 때문이다. 이동시간이 짧아지면, 인건비와 부대해서 발생하는 경비도 줄어든다.

④ 시장 점유율이 높아지면, 애프터서비스도 쉬워진다.

시장 점유율이 20%를 넘으면 이런 연유로 비용이 싸진다. 매상을 올리기 위해서 마구잡이식 활동지역 확장은 노력하고 있는 것에 비해서 이익이 나지 않는 원인이 된다. 하나하나의 행동만 놓고 보면, 로스는 그다지 신경 쓰지 않는다. 그러나 영업활동에는 납품, 수금, 애프터서비스의 활동이 반드시 따라다니게 마련이다.

이것은 비용 덩어리이다. 그래서 영업 비용이 낮아지면 당연히 이익이 발생하게 된다. 이것이 "상승 효과"로 나타나는 것은, 시장 점유율이 1위이고, 또한 시장 점유율이 20%를 넘을 무렵부터이다. 그러나 이 상승 효과는 그 혜택을 경험해본 사람이 아니고는 모른다는 "결점"이 있다.

기업의 영속 조건의 첫째는 특정한 지역에서 No.1의 시장 점유율을 갖는 것이고, 둘째는 사장이 이러한 생각에 의거하여 영업정책의 방침을 명확히 내놓는 것이다. 그리고 셋째는 이 전략 마인드를 사내에 정착시키는 것이다(표 31).

[표 31] 시장 점유율과 순위 매김

1. 74%	절대 독점자	
2. 56% ~ 73%	준절대 독점자	
3. 42% ~ 55%	상대 독점자	또한 2위와의 차이가 1 대 0.6
4. 31% ~ 41%	준상대 독점자	이상 차이가 있는 경우
5. 26% ~ 30%	준강자	
6. 19% ~ 25%	중립자	
7. 11% ~ 18%	약자 A	
8. 7% ~ 10%	약자 B	
9. 3% ~ 6%	약자 C	
10. ~ 3%	예외	

영업상의 중요한 포스트에 있는 사람과, 영업을 실제로 실행하는 팀의 리더 중에 이런 생각을 가진 사람이 있다면, 반드시 실현될 수 있다. 어쨌든 영업력을 분산시키지 말아야 한다. 중점주의, 일점주의로 우위를 구축하는 것이 성공의 조건이다.

● 보이지 않는 적(敵)은 이동시간

넓은 지역을 담당하게 되면 또 한 가지 반갑지 않은 변수가 발생한다. 이동시간의 로스다. 도청 소재지의 시장 규모 정도에서 영업을 한다고 가정할 때, 활동 가능시간에서 이동시간이 차지하는 비율은 40% 전후일 것이다. 이것을 단축하는 것은 쉽지 않다. 만약, 같은 지역 내에서도 변두리 지역까지 돌아다니거나 이웃한 다른 지역까지 발을 뻗게 되면, 이동시간은 50% 전후가 된다. 좀 더 멀리 가게 되면 60% 정도를 차지하게 된다.

하루의 이동시간이 활동 시간의 60%나 70%를 차지하게 되면, 피곤해서 깊이 생각하거나 치밀한 계획을 세우는 것 자체가 귀찮아진다. 오랜 시간 핸들을 잡고 있으면, 계산이나 숫자는 생각도 하기 싫어진다. 그 때문에 출장비의 정산이나 가불의 정산이 늦어진다.

세밀하게 생각하고 분석하는 것이 귀찮아지고, 자동차로 달려 돌아다니기만 하면 이익이 오른다고 착각하는 것이다. 이런 사람이 기쁨을 느끼는 것은 일지에 "자동차의 주행거리"를 써 넣을 때이다. 오늘은 250킬로 달렸다, 내일은 300킬로에 도전할 거야… 하는 식이다. 이런 사람은 자동차 운송 관련 회사로 전직하는 편이 나을 것이다. 자동차 운송회사는 달리면 달리는 만큼 생산성이 오르는 직업이기 때문이다. 그러나 기업은 자동차로 달리기만 한다고 생산성이 오르지 않는다. 매상과 직접 연결되는 것은 고객과의 "면담"이다. 고객과의 "면담 횟수"의 확보가 "주된 목적"인 것이다.

중소기업에서 영업의 적은 이동시간의 로스이다. 넓은 지역을 담당하는 것은 원격전과 마찬가지로, 적중률이 나빠지고 효율이 저하된다. 어쨌든 먼 곳으로 나가면 이동시간에 의한 로스와 피로가 심해지고, 또 힘든 것에 비해서 돈벌이가 시원치 않다. 이 적은 직접적으로 공격을 가하는 것이 아니기 때문에 눈에 보이지도 않는다. 방심은 절대 금물이다.

● 증개축도 국지전으로

1973년의 제1차 석유 파동 때에는 물가가 급등했다. 그 중에서도 가장 값이 많이 오른 것은 토지였다. 1979년의 제2차 석유 파동 때에도 토지는 또 다시 올랐다. 7~8년 동안 땅값이 10배 이상 뛴 지역이 여기저기에서 나타났다. 그 영향으로 1974년도의 주택 착공 건수는 전국적으로 31%나 떨어졌다.

그 때문에 1975년부터 76년에 걸쳐서 주택관련 업체의 도산이 속출했다. 그로부터 4년 후, 제2차 석유 파동 때에는 지방 쪽의 땅값이 많이 뛰었기 때문에, 지방에서 주택 공급율의 감소가 심했다. 두 차례의 석유 파동 때문에, 10년 사이에 엄청난 변화가 일어났다. 전국적인 주택 불황이 고착화 되어 버렸다. 주택의 착공 건수가 감소하는 데 따라서 증개축(리모델링)공사가 재평가되기 시작했다. 지금까지는 거들떠보지도 않았던 주택 건설회사가 "증개축도 합니다" 하는 간판을 내걸기 시작했던 것이다. 그러나 증개축을 막상 해보니까 생각만큼 돈벌이가 되지 않았다.

왜 수지가 맞지 않았을까? 그 원인을 조사하다가 알게 된 사실이 주택의 신축과 똑같은 발상으로 영업을 하고 있었다는 것이다. 증개축 공사의 수주 가격은 신축과 비교해 볼 때 비교가 되지 않을 정도로 낮고, 반대로 품과 시간이 많이 들어가는 것은 당연한 데도 그런 것을 고려하지 않은 영업 방법이 잘못 되었던 것이다. 또, 영업을 넓은 지역에서 하다보니 공사를 먼 곳에서 하게 된다.

작은 창문용 알루미늄 망사문 1개를 트럭에 싣고 20킬로나 30킬로를 달린다면, 수지가 맞지 않는 것이 당연하다. 증개축 공사는 광역전으로 하면 절대로 이익이 나지 않는다. 증개축업자들의 도산 원인을 조사해 보니까 그 결과 대부분의 회사가 먼 곳의 공사를 떠맡고 있었다. 그 중에는 30~40킬로 이상 떨어진 곳의 공사를 하는 곳도 있었다. 당연히 망할 수밖에 없었다.

증개축에서 이익을 내려면 국지전으로 하지 않으면 안 된다. 도청 소재지 정도의 주택 밀도라면, 공사를 수주하는 지역의 범위를 1킬로미터 내지 2킬로미터 이내로 국한해야 한다. 물론 이 지역 범위는 지도상의 거리가 아니라 교통상의 편리성을 고려해서 정하는 것이 좋다.

따라서 인구 100만 명의 도시라면, 영업소를 10개소나 13개소 만들어도 된다. 증개축 공사에서는 지역 밀착형 영업소의 배치가 성공의 조건이다. 영업사원이 자동차로 영업을 하면, 10킬로미터에서 20킬로미터 정도 달리는 것은 기본이다. 그러나 국지전에서는 자동차를 자전거로 바꾸는 것이 좋다. 자전거를 타고 다니면 그 정도 되는 거리는 힘들어서라도 갈 수가 없다. 자연히 근처를 달리게 된다.

각론하고, 증개축 공사는 계획대로 일이 진척되지 않는

다는 각오를 처음부터 하는 것이 좋다. 예상치 못한 변수가 반드시 나타나니까 그것에 대응하려면 현장이 가까운 곳에 있어야 한다. 근처라면 공사를 의뢰하는 시공주도 안심할 수 있고, 동네 장사니까 거짓말은 하지 않을 것이고, 무슨 일이 있을 때에는 즉각 달려와 줄 것이라고 생각하기 때문이다.

또한 영업소를 같은 시내에 여러 곳 만들면, 공사를 담당하는 인부의 변통이 쉬워진다. 만약 각 도에 영업소가 한 곳밖에 없다면 인부의 변통이 어려워질 것이다. 그렇다고 인부를 고정화시켜 놓으면 코스트가 올라간다. 증개축 공사를 성공시키는 비결은 지역 전략의 국지전을 지키느냐 지키지 못하느냐에 달려 있다.

점포 주변을 중시하는 소기업

소매업이나 소규모의 서비스업도 국지전 체질이다. 은행이나 주유소는 "점포 주변"을 가장 중요시한다. 점포 주변이란 보통 300미터를 말한다. 걸어서 갈만한 거리에 해당된다. 은행에서는 점포 주변에 사는 고객의 집을 한 달에 한 번 여자 행원과 차장이나 대리가 한 조가 되어 방문한다. 방문했을 때, "우리는 다른 은행과 거래하고 있습니다"하고 거절해도, "인사차 들렸습니다"하고 귓가로 흘려버리고는 몇 번이고 다시 찾아간다. 그러는 사이에, "일단 1,000엔만이라도 좋으니까 구좌를 개설하세요"하고 은근히 권유한다. 자꾸 찾아와서 인사만 하고 가는 것에 미안해서라도, "그럼 1,000엔을 넣겠어요"하고 응하게 된다. 이것으로 1루 베이스까지 출루한 셈이다. 나머지는 도루의 기회를 엿보면 된다. 그리고 거래 금액을 불려 나가는 영업 전술을 쓰면 되는 것이다.

주유소도 "점포 주변"에 힘을 쏟고 있다. 점포 주변에 사는 사람들은 "같은 동네에 있는 00회사입니다"하고 방문하면 대개 면담에 응해 준다. 그래서 점포 주변은 수금하기가 쉽고, 사기꾼들도 적으니까 가장 일하기가 쉽다.

나는 1983년 6월에 독립했다. 그 후 강연을 많이 하기 때문에 각 지역을 돌아다니고 있다. 강연을 할 때에는 강연내용을 간단하게 책으로 만들기 때문에 연간 인쇄비가 제법 많이 나간다. 지금 거래하고 있는 회사에서는 잘 해주고 있지만, 가끔 다른 회사로부터 인쇄 주문이 들어오면 나와 같은 작은 양의 인쇄는 아무래도 뒷전으로 밀려나기가 쉽다. 그래서 내 사무소 근처에서 작은 양이라도 빨리 인쇄해 주는 인쇄회사를 찾아야 할 필요가 생겼다.

그래서 직업별 전화번호부와 지도를 꺼내 놓고 조사해 보았다. 반경 500미터 이내에 인쇄 회사가 15개정도 있었다. 그런데 내가 사무소를 개설한 지가 3년이나 지났는데도, 이 지역으로부터 영업을 하기 위해 아무도 찾아오지를 않았던 것이다. 문구관련 회사에서도 내 사무실에는 찾아오지 않았다. 같은 동네에서 영업을 하기가 쉬울 텐데도 말이다. 이 "점포 주변" 대책, 즉 국지전은 경영 규모가 작은 회사일수록 중시해야 한다.

● 텔레비전 스팟 광고

소매업이나 서비스업자의 텔레비전 스팟광고를 나는 자주 본다. 어느 날, 텔레비전을 보고 있으려니까 초밥집에서 스팟광고를 내보내고 있었다. 이 초밥집은 후쿠오카 시내에 점포를 2개 갖고 있는데, 연간 5백만 엔을 넘는 비용을 들여 스팟광고를 내보내고 있다고 한다. 후쿠오카시의 상권 인구는 140만 명에서 150만 명이다. 거리로는 20에서 30킬로미터쯤 된다. 10킬로미터나 떨어져 있는 곳에 사는 사람이 광고를 보았다고 해서 차를 타고 초밥을 먹으러 오겠는가?

물론 그 중에는 유별난 음식을 좋아하는 사람이 있을 지도 모르지만, 스팟 광고료를 충당할 만한 금액과는 거리가 멀다. 결국 이 초밥집은 도산하고 사장은 야반도주를 하고 말았다. 텔레비전 스팟광고를 내보내서 후쿠오카 시내로부터 손님을 왕창 모으려고 하는 "욕심 많은 생각"이 그런 화를 자초한 것이다.

미용실의 스팟광고도 자주 볼 수 있다. 미용실은 점포수가 많고 경쟁이 심하기 때문에 폐업이 많은 업종 중 하나이다. 그래서 광고의 원호 사격에 의해서 유리하게 승리를 쟁취하려고 텔레비전 스팟광고를 하는 것이겠지만, 고객이 버스나 전철을 타고 몇 시간을 달려와서 머리를 하는 경우는 그리 많지 않다.

내구재 소비를 포함한 소매업이나 서비스업 분야에서, 경영 규모가 작은 점포에 찾아오는 고객의 지역은 정해져 있다. 한 번 경품을 내걸고 주소와 이름을 적어달라고 해보면 대부분이 지역이 한정될 것이다. 그 지역이 바로 자신의 점포에 찾아오기 쉬운 지역, 교통상으로 오기 쉬운 지역이다. 이용객의 지역 분포는 결코 동심원이 되지 않는다. 도로를 중심으로 한 "줄기"가 반드시 생겨난다.

그 줄기는 경합 점포와의 관계에 따라서 모양이 변해 간다. 그래서 이용자가 많은 지역이 자기 점포의 홈 그라운드니까, 이 지역을 더욱 강화하지 않으면 안 된다. 전단지도 중점 지역에 여러 차례 돌리는 것이 보다 상승 효과가 크다. 전단지를 넣을 때, 라이벌 회사의 지반을 흔들어 놓기 위해 라이벌 회사의 점포 주변에 넣은 사람도 있으나, 이것은 맨 나중에 하는 방식이다. 우선 처음에는 경쟁 상대가 없는 지역, 이기기 쉬운 지역을 확보하는 것이 급선무다. 그 다음에 같은 업종의 타사가 강세인 지역을 공략하는 것이 룰이다.

원칙 **14**	약자는 간접전을 피하고 고객을 특정화 하여 최종 이용자에게 접근해야 한다

값진 성과를 얻으려면 한 걸음 한 걸음이 힘차고 충실하지 않으면 안 된다. - 단테 -

● 접근하면 해결책이 나온다

　1931년, 히틀러가 정권을 장악했다. 히틀러가 정권을 잡자 또 다시 전쟁이 일어날 것이라고 각국은 준비를 강화했다. 독일과 국경을 접하고 있는 벨기에는 히틀러의 진입을 저지하기 위하여 국경을 따라서 거대한 참호를 만들었다. 두터운 콘크리트로 보호막을 만든 포대에서 정면에서 진입해 오는 독일군을 격퇴시키려고 했던 것이다.

　그러나 독일군은 그렇게 하지 않았다. 독일의 기습공격 부대는 비행기가 끄는 글라이더를 타고 조용히 접근하여 참호 위에 소리도 없이 착륙했다. 그리고 옥상으로부터 콘크리트에 구멍을 뚫고 공격을 가했다. 거대한 참호 속에 있던 벨기에 군대는 천장으로부터 공격을 받고 속수무책으로 항복했던 것이다. 커다란 대포는 멀리 떨어져서 쏘아

댈 때 위력을 발휘한다. 그러나 포위당해서 포대의 사각에 들어가 버리면 약점이 드러나게 된다. 즉, 커다란 것은 접근전을 시도하면 약해지는 것이다.

경영상의 접근전은 무엇을 의미하는가? 일부러 라이벌 회사에 살금살금 다가가서 화염병을 던지는 것도 수류탄을 던지는 것도 아니다. 커다란 것, 혹은 어려운 것은 가까이 가보면 의외의 해결책이 생겨난다는 의미이다. 커다란 목표물은 멀리 떨어져 있으면 큰 것만 눈에 보여서 공격 방법이 전혀 없는 것처럼 보인다. 그러나 목표물에 접근하면 실체를 잘 알 수 있게 된다. 공격할 때에는 목표물에 가까이 가면 솜씨가 조금 뒤떨어지더라도 명중을 시킬 수가 있다. 따라서 약자는 모름지기 목표물에 접근해야 한다.

야구를 할 때, 투수의 목표는 홈 베이스를 향해 공을 던져서 스트라이크를 노리는 것이다. 제구력이 흐트러지면 포볼이 나온다. 동네 야구에서는 포볼의 밀어내기로 역전되는 게임을 자주 볼 수 있다. 제구력이 좋은 투수는 훌륭한 투수다. 그러나 실력이 좀 떨어지고 미숙한 투수라 하더라도 홈 베이스에 3미터쯤 가까이 다가가서 던지면 스트라이크를 잡고 포볼을 내지 않을 것이다. 반대로 아무리 제구력이 좋은 투수라 하더라도 2루에서 던지면 스크라이크를 잡는 것이 쉽지 않을 것이다. 3진을 잡는 것도 무리일 것이다. 목표에서 멀어지면 자신이 마음먹은 대로 할 수 없게 되고, 가까이 가면 마음먹은 대로 하기가 쉬워진다.

경영상 가장 중요한 목표 중의 하나는 상품을 최종적으로 이용해 주는 고객이다. 고객의 집단을 단순한 시장으로 바라보면 복잡하게 보이지만, 한 사람 한 사람에게 접근해서 보면 알 수 있는 부분이 많아져서 판매하기가 쉬워지는 것이다.

1973년, 제1차 석유 파동 이후에 생활필수품의 부족분이 일단 해결되면서 시장은 성숙기로 접어들기 시작했다. 흔히 말하는 "물자 과잉"이 된 것이다. 물자 과잉의 과정은 대충 3가지로 구분할 수 있다.

물자 과잉 제1기 --- 1974~1980년 = 이 기간 동안에는 대형화, 딜럭스화가 주류를 이루었다.

물자 과잉 제2기 --- 1980년~1985년 = 경박단소(輕薄短小)로 대표되는 것처럼 전자화 및 소형화가 주류를 이루었다.

물자 과잉 제3기 --- 1985년~현재 = 상품의 고급화를 위시하여 경박단소는 지금까지도 계속되고 있다. 이것에 더하여 상품을 이용하는 사람의 인생이나 생활신조를 중시한 정신적 서비스가 더해지지 않으면 팔리지 않는 시대가 되었다. 즉, 현재는 정신적 서비스의 시대이다. 그리고 이것은 종교적 서비스로 변화해 갈 것이다.

각 개인의 기호에는 당연히 차이가 있다. 그 기호를 파악하기 위해서는 상품을 이용하는 사람, 지갑을 가진 사람에게 접근할 필요가 있다. 이른바 고객에의 접근전이다. 전쟁은 상대를 직접 공격하는 것이다. 상대를 어떻게 해서든 쓰러뜨리는 것이다. 경영도 전쟁인데, 전쟁과 다른 점은 라이벌 회사를 직접 공격하는 것이 아니라, "이용자의 지갑이나 금고"를 통해서 "간접적"으로 공격하는 데 있다. 지갑 소유자의 지지를 얻지 못하면, 라이벌 회사와의 경쟁에서 지게 된다. 경쟁 목표는 라이벌 회사지만 행동 목표는 고객이다.

상품 이용자가 어떤 물건을 원하고 있는가를 먼 곳에 있으면 알 수가 없다. 상품 이용자와의 면담이나 대화 등 접촉이 적어지게 되면, 고객의 움직임을 읽을 수 없게 된다. 거래처를 돌아다니지 않게 되고 사무실에 있는 시간이 길어지면, 이용자와의 틈새가 크게 벌어진다. 집과 회사만 왔다 갔다 하면 어디가 어떻게 변하고 있는 지 알 수가 없다. 이따금 여기저기 돌아다녀 보지 않으면 자신이 살고 있는 동네의 사정조차 파악할 수가 없다. 그와 마찬가지로 고객에게 접근하지 않으면 고객의 요구를 파악할 수 없다.

익스피리언스 곡선

최종 이용자에게 접근하는 목적은 단순히 정보를 얻기 위한 것만은 아니다. 상품의 유통 단계를 줄이기 위해서도 필요하다. 미국의 컨설턴트 회사인 〈보스턴 컨설팅 그룹(BCG)〉은 하나의 경험 법칙을 발표했다. 상품의 누적 생산량이 2배가 되면, 가격은 20%~30% 떨어진다는 법칙이다. 이것을 "익스피리언스 곡선(experience curve)이라고 한다.

예를 들면, 어떤 상품의 총 생산합계가 20만 개에 달했을 때의 가격이 1,000엔이었다면, 그 상품의 누적량이 2배인 40만 개가 되었을 때, 가격은 20%에서 30%가 낮아진다. 중간을 취해서 25% 낮아진다면, 이전에 1,000엔 하던 것이 750엔이 된다. 그리고 누적량이 80만 개가 된다면 750엔의 25%를 뺀 가격, 즉 560엔이 된다. 또 다시 누적 생산량이 2배가 되면, 다시 25%가 낮아져 420엔이 된다는 것이다(표 32).

누적 생산량이 2배가 될 때마다 가격은 20%에서 30% 떨어진다는 것이 바로 "익스피리언스 법칙"이다.

[표 32]

원료비 인상과 같은 자원 인플레, 혹은 인건비 상승으로 인해서 일시적으로 이 법칙에 약간의 차이는 있을 수 있어도 이 법칙은 상품 가격에 통용되고 있다. 이것을 그래프로 나타내면 가로 좌표축을 두 개로 구획 짓는다. 그렇게 하면 가격 그래프가 직선으로 하강한다. 이 현상이 우리 주변에서 일어나고 있다. 내가 학교를 졸업한 것은 1961년이다. 졸업하자마자 건재 메이커에 취직했다. 이 회사에서는 철판을 많이 제작하고 있었다. 3자×6자의 철판이 1톤당 4만 엔 정도였다. 현재와 비교하면 1만 엔 정도의 차이 밖에 나지 않는다. 25년이나 지났는데도 가격은 그다지 변하지 않았다. 그 당시 나의 첫 월급은 1만 4천 5백 엔이었다. 현재 대졸자의 첫 월급은 10배 이상으로 올랐다. 인플레에 의한 물가 상승을 고려한다면, 실제로는 대폭적인 월급 인하가 된 셈이다.

이런 현상이 최단기간에 일어난 것이 바로 디지털시계다. 나의 큰아들이 중학교 1학년에 입학했을 때 디지털시계를 사주었다. 가격은 1만 3천 6백 엔이었다. 그런데 네 살 아래인 둘째가 중학교에 들어가서 장남과 똑같은 시계를 사주었다. 그때는 3천 6백 엔으로 1만 엔이나 싸게 구입했다. 이런 식으로 간다면 손자가 태어날 때쯤에는 360엔이 되지 않을까? 어쨌든 디지털시계는 값이 계속 떨어지고 있다. 전자계산기도 그렇다. 텔레비전이나 비디오 등의 공업제품에는 이 법칙이 적용되고 있다. 이런 현상은 기계화율이 높은 상품일수록 더 뚜렷이 나타나고 있다. 그러나 서비스업의 경우에는 이런 경향이 나타나기 어렵다.

왜냐하면, 인건비는 누적 효과에 관계없이 상승하기 때문이다. 공적인 서비스 요금은 오히려 더 높은 비율로 상승하고 있다. 불황이 계속된 이래로 물가 상승의 원인 제공은 언제나 공영기업의 가격 인상에서부터 비롯되고 있다.

누적 생산량이 증대하면, 메이커 회사들 간에 승자 그룹과 패자 그룹의 차이가 확연히 구분되면서 독과점화가 진행된다. 그 결과, 패자 그룹 쪽에서는 도산이 속출하여 기업수가 감소된다. 알루미늄 새시 메이커 회사는 옛날에 15~16개 사나 있었지만 지금은 30%로 줄어 버렸다. 한편, 상품 판매를 하고 있는 유통업계도 누적 생산량 증대로부터 오는 가격 인하에 수반해서 총이익율이 떨어지고 있다. 다시 말하면, 어떤 장사든 업계 경력이 오래되면 총이익율이 반드시 떨어지고 돈벌기가 힘들어진다. 이렇게 해서 판매업에서도 같은 업종의 회사 수가 서서히 줄어드는 것이다. 더구나 그 과정에서 서로 죽기 아니면 까무러치기식의 출혈경쟁을 하게 되니까 가격 경쟁이 오히려 더 심해진다(표 33). 같은 업계에서 도산이 많아지게 되면, 그야말로 그 와중에 있다고 생각해야 한다.

[표 33]

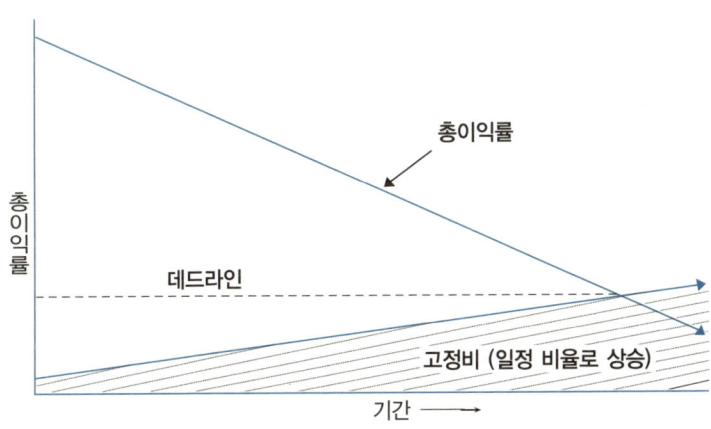

※ 누적 생산량의 증대로 총이익률은 떨어지고,
   고정비는 상승하여 마침내 적자 구조로 된다.

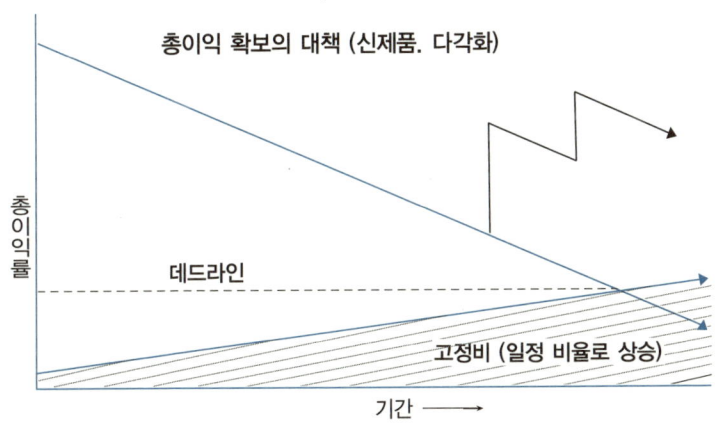

● 총이익률이 떨어지고 양도 늘지 않는다

생산기술의 괄목할 만한 발달에 의해서 많은 상품들의 누적량이 상승했다. 그 결과, 가격이 떨어지고 상품의 보급률이 놀랄 정도로 올라갔다. 이렇게 해서 상품시장은 성숙화하고 "공급 과잉"이 되었던 것이다. 누적 생산량이 증대됨에 따라서 총이익율은 떨어져 간다. 그러나 판매량이 늘어나면 전체적으로 "총이익액"은 늘어날 수 있지만, 문제는 성숙사회로 들어서면서 수요 자체가 늘어나지 않게 되었기 때문에 어려워지고 있는 것이다. 총이익률은 떨어지는데도 판매수량은 늘어나지 않는, 돈벌기 힘든 경제 환경이 된 것이다.

그러면서도 인건비를 비롯해서 고정비는 눈에 띄게 급상승하고 있다. 따라서 순이익의 확보가 한층 더 어려워지고 있다. 이 문제점의 해결책을 찾지 못한 기업은 적자가 나서 점차 빈곤의 길을 걷게 된다. 점차 가난해지는 "적자 누적형 도산"이 나타나는 배경이 바로 여기에 있다.

총이익률이 떨어지면 다소 매상고가 늘어나도 경영에 필요한 총이익액(매상고 총이익)의 확보가 어려워지므로, 마침내 적자가 나서 경영을 할 수 없게 되는 것이다. 이

상태에서 벗어나려면 어떻게 하면 좋은가? 몇 가지 방법이 있긴 하지만, 가장 효과적인 대책은 유통 경로의 단축이다.

규슈에서 가장 큰 도료 도매 회사가 있는데, 이 회사는 제1차 석유 파동 후, 〈일요 목공센터〉 운영을 통해 경영을 다각화하여 성공을 거두었다. 건축 도료, 조선 도료, 화학 플랜트의 공사용 도료의 소비량이 모두 해마다 감소했다. 공사건수의 저하와 한 공사당 사용되는 도장 면적의 감소에 의해서 업계 전체가 침체되었다. 그래서 이 도료 도매 회사는 〈일요 목공센터〉의 경영에 의해서 고객과의 접근 단계를 단숨에 줄여 버렸다. 총이익률이 도료 도매업의 3배나 되었고, 그룹 전체는 총량으로 총이익을 확보할 수 있는 구조로 변신하였다. 도료 도매업의 경영과 대중을 상대하는 〈일요 목공센터〉의 경영방식은 다르다. 경영자는 고민에 고민을 거듭했을 것이다. 게다가 경영을 계속할 것이냐, 그만둘 것이냐에 대한 결단을 내리는 데 많은 망설임과 갈등을 겪었을 것이다. 현재 〈일요 목공센터〉는 신규 참가업체들 때문에 경쟁이 심하다. 그러나 경영의 구조상 이치에만 맞는다면, 노력해 볼만한 가치가 있다(표 34).

[표 34] 도료 도매 회사가 〈일요 목공센터〉로 다각화

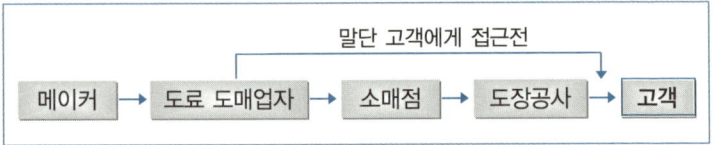

이와 비슷한 예를 또 하나 들어보겠다. 오이타에 강재 (鋼材 = 강철을 강판, 조강, 강관 등으로 가공한 것)를 중심으로 하여 철물과 건축자재를 도매하는 회사가 있었다. 지방 도매상으로 지명도가 높고 신용도 있었다. 그러나 강재를 중심으로 하고 있기 때문에 총이익의 확보가 어렵게 되어서 장래에 대한 불안을 느끼게 되었다. 그래서 히토요센에서 〈일요 목공점〉을 시작했던 것이다. 더구나 이것은 다각화가 아니라, 본업인 강재 사업을 단숨에 접어 버린 업종 전환이었다. 강재의 지반은 종업원 중에서 희망자에게 넘겨주어 독립을 시키고, 180도로 방향 전환을 한 것이다. 이때 경영자의 고민과 불안, 갈등은 외부 사람으로서는 도저히 상상도 할 수 없을 정도로 컸을 것이다. 그러나 경영 내용이 좋지 않고 신용이 없다면, 이런 전업은 도저히 불가피한 선택인 것이다. 세상의 움직임을 보고 과감히 손을 쓴 성공 사례라고 할 수 있다.

접근전으로 성공한 속옷 회사

제1차 석유 파동 이후 속옷 메이커는 돈벌이가 안 되는 업종의 대표격이 되었다. 모든 종업원 1인당 1개월의 순이익이 1만 엔 이하였다. 속옷 메이커는 만든 상품을 우선 도매업자에게 넘긴다. 도매업자는 슈퍼마켓이나 소매점에 판매한다. 슈퍼마켓이나 소매점은 이것을 고객에게 판매하는 것이다. 고객이 지갑을 여는 입자에서 보면 메이커는 네 단계나 앞쪽에 있다(표 35). 멀리 떨어져 있는 것이다. 메이커가 비록 고객의 요망이나 희망사항을 잘 조사해서 상품을 만들었고, 도매업자에게 상품에 대한 설명을 아무리 잘해도 상품의 장점이 고객에게 제대로 전달될 지는 의문이다.

[표 35]

4	3	2	1
속옷 메이커	→ 도매업자	→ 슈퍼마켓 소매업자	→ 고객

메이커로부터 고객까지를 보면 마디가 되는 물류의 접점이 세 군데 있다. 접점이라기보다는 오히려 "불연속선"

이라고 해야 할 것이다. 손님으로부터의 정보 전달률은 4의 2승이 되고, 메이커의 의지가 전달되는 비율은 16분의 1로 떨어진다. 자사를 제외했다 하더라도 3단계라면 본사의 의지가 전달되는 비율은 9분의 1이다. 9분의 1에서는, "이 상품은 여기가 다릅니다", "따라서 가격은 좀 비싸지만 절대 돈이 아깝지 않을 겁니다"라고 설명하기가 어렵다.

대부분의 회사는 이 노고를 도중에 포기하고, 결국 가격 중심의 싸구려 판매를 하게 된다. 그런 가운데서 조금이라도 돈을 더 벌려고 하면 재료의 질을 떨어뜨리는 수밖에 없다. 슈퍼마켓에서 사온 속옷의 70%는 한 번 빨면 줄어들어 버린다. 양말을 사면 윗부분이 4~5센티미터정도 짧다. 공급 과잉의 시대임에도 불구하고 여전히 이런 상품을 태연히 팔고 있는 것이다. 그런데, "이 상품은 흠잡을 데 없이 좋아요" 하면서 우리 집사람이 꺼내 준 속옷이 있었다. 입어 보니까 딱 들어맞았다. 빨아도 변형되지 않았다. 이것은 바로 S사의 제품이었다.

S사는 속옷의 방문판매를 시작한 선발기업이다. S사는 전문적인 판매조직을 만들어서 이용자에게 접근하는 판매를 하고 있다. S사의 본부와 메이커와 판매점은 거의 일심동체였다. 그래서 고객과의 접점이 2단계이니까, 2의 2승

은 4분의 1이다. 즉, 본사의 의지 전달률이 4분의 1이 된다. 종래의 유통은 16분의 1이나 9분의 1이었으니까, 방문판매는 최종 이용자에게 현격히 가깝게 접근한 것이었다. 속옷은 불황 업종이었지만, 유통 단계를 줄여서 고객에게 접근함으로써 불리한 점을 해소했던 것이다(표 36).

[표 36]

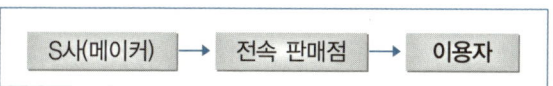

S사의 성공을 보고서 방문판매에 신규로 참가한 회사들이 생겼기 때문에, 새로운 경쟁이 시작되었으니까 방심하면 선발기업의 창업 이익을 상실할 우려도 있다. 후발회사를 어떻게 격퇴하느냐에 의해서 앞으로의 성패가 결정된다.

위의 사례들은 최종 이용자에게 접근하여 성공한 좋은 예이다.

안경의 방문판매

외국에서는 안경을 끼고 카메라를 맨 여행자는 일본사

람이라고 여기고 있다. 그러고 보면 일본인은 안경을 많이 쓰는 것 같다. 안경은 점포에 재고를 가진 채 기다리는 장사를 하는 것이 상식이다. 인구 10만 명 이상의 도시에는 대형 안경점이 있으니까 주민들은 불편이 없다. 인구수가 좀 더 많은 곳에는 디스카운트 안경점도 있기 때문에 고객이 보다 편리하게 이용할 수 있다.

그런데 인구가 적은 시골이나 교통이 불편한 곳에 살고 있으면 시내까지 나가는 것이 여간 힘들지 않다. 고령화 시대를 맞이하여 시내에 나가고 싶어도 몸이 불편해서 가지 못하는 사람도 적지 않다. 이런 불편을 해소하기 위해 미니버스를 개조하여 검안기와 안경을 싣고 시골을 찾아다니며 영업하여 성공한 회사가 있다. 시골 가정을 개별 방문하거나 시골에 있는 직장을 찾아다니는 것이다. 최근에 와서는 텔레비전을 보면 눈이 피로하다든가, 신문을 읽으면 머리가 아파진다든가, 안경의 도수가 맞지 않는다고 호소하는 사람들이 많다. 그래서 "이런 분들의 시력을 무료로 검안해 드립니다"를 홍보문구로 사용하고 있다.

미니버스에는 2인 1조가 팀을 이루어 롤러 작전으로 시골을 누비고 돌아다니게 하였다. 그러자 시내에 있는 안경점의 상권이 좁아지게 되고, 시내의 큰 안경점들은 아무리 전단지를 돌려도, 또 텔레비전 광고를 아무리 내보내도 시골지역의 고객이 찾아오지 않는다. 상권의 가장자리를 야금야금 미니버스 영업 회사가 잠식해 들어오자 안경점들이 모여서 안경의 방문판매에 반대하는 움직임을 보인 지역도 나타났다.

그러나 최대의 권력자는 지갑 보유자이다. 안경을 사느냐 안 사느냐의 결정권은 안경을 사용하는 사람의 손에 있다. 안경의 도수가 맞지 않아서 불편을 느끼고 있는 사람이 100% 결정권을 가지고 있는 것이다. 안경 소매점의 경영자에게는 그 투표권이 없다. 그런데 여러 해 동안 장사를 하고 있으면, 그것에 익숙해져 버려서 권력자는 상점을 경영하고 있는 자신이 결정권을 가진 권리자이고 손님은 상품을 살 의무가 있다는 생각을 뻔뻔스럽게 갖게 된다. 몸이 불편해진 사람의 낙은 텔레비전 시청일 것이다. 안경이 눈에 맞지 않게 되어서 고객이 TV 시청에 고통을 받고 있다면, 그 불편을 해소해 주는 것이 참다운 기업가 정신이다. 이것을 잊어버린 회사가 늘어나고 있어 참으로 걱정이 된다.

안경의 방문판매의 선발업자는 히로시마의 한 작업 회사였다. 이용자나 안경이 눈에 맞지 않는 사람에게 접근전을 펼쳐서 성공한 좋은 예이다. 성공했다고 하면 금세 참가업체가 증가해서 난투전이 벌어지게 된다. 앞으로도 경쟁업자가 많이 나타나겠지만, 안경의 방문판매가 기업으로 성공할 수 있다는 것을 증명한 이 회사의 행동력은 높이 평가받게 될 것이다.

🔵 소매업의 접근전

상품의 유통 과정에서 최말단의 위치에 있는 것이 소매업자이다. 최종 이용자에게 가장 근접해 있다. 그러나 경쟁이 심화되면서 차별화를 위한 보다 가깝게 접근할 필요가 생겼다. 소매업 중에서도 매장 면적이 넓은 백화점이나 대형 슈퍼마켓은 강자의 전략으로 영업을 하고 있다. 신문광고나 전단지를 넓은 범위에 뿌려서 고객을 긁어모은다. 매장 면적의 넓이와 구색을 갖춘 상품의 양이 "집객력(集客力)"의 배경이 된다. 집객력을 갖고 있는 점포는 그 지역 상권의 중심에 위치하고 있기 때문에 "기다리는 장사"를 해도 경영이 성립된다. 물자 과잉의 시대가 되어서 각 점포의 신장률이 떨어지고 있다고는 하지만, 소형 상점 쪽에서 보면 강자임에 틀림없다.

  그런데 매장 면적이 좁고 구색도 갖추지 못하고, 또한 "집객 능력"도 부족한 것이 중소상인과 영세한 소매업자다. 집객 능력이 없는 약자가 강자와 비슷한 사고방식으로 기다리는 장사를 했다가는 살아남기가 힘들다. 자사의 상권 안에 강한 경쟁 상대가 없다면 또 모르겠지만 강한 경쟁 상대가 있다면 영향을 크게 받는다. 이에 대항하려면 불특정 고객들 가운데서 일부분의 고객을 특정화해서 자기 점포의 고정 고객으로 삼는 수밖에 없다.

  때로는 이쪽에서 고객을 찾아 나설 필요가 있다. 점포에서 소매로 판매를 하면서 동시에 외판도 한다. 외판도 특정 지역에 집중하는 국지전으로 하는 것이 좋다. 점포의 소매와 상승 효과를 발휘할 수 있는 지역에 집중하면 그 나름대로 효과가 나온다.

  소매업자에게는 노력하지 않고 돈을 버는 필살의 비밀 기술 같은 것은 없다. 따라서 이용자의 명부를 만들고 "편지와 전화와 방문과 점포 판매"의 4가지 방법을 배합하여 "상승 효과"를 노리는 수밖에 방법이 없다. 이용자의 명부를 만들어 이름을 외우고 가정을 알고, 고객에게 관심을 보이면서 접근하면 길이 열린다.

과거의 "물자 과잉" 1기와 2기 때에는 딜럭스화와 소형화 등 주로 물건의 모양으로 차별화해 왔다.

그러나 "물자 과잉" 3기를 맞이한 현재는 이 방법으로는 차별화하기 어렵게 되었다. 00님 전용, △△님께 꼭 맞는 맞춤 서비스 등과 같은 개인전용의 시대로 들어섰기 때문이다. 그러니까 상품을 판매할 때 "정신적인 서비스"가 어느 만큼 더해져 있는가에 따라서 기업의 승패가 가려지는 시대가 된 것이다. 이것은 일종의 목적타형이니까 물량전으로는 효과가 없다. 접근전의 국지전형 발상밖에 없다. 약자의 전략을 실천하면 강자에게 대항할 여지가 남게 된다.

약자는 모름지기 사물의 핵심에 접근해야 한다는 것만 명심하면 해결의 실마리를 찾을 수 있을 것이다.

원칙 15 약자는 하루 30분의 고객시간을 마련하여, 거래처와 이용자에게 감사하는 태도를 나타내야 한다

강한 인간이 되고 싶다면 물과 같아야 한다. － 노자 －

자신에 대해서만 생각하는 인간

인간은 지극히 자기중심적인 동물이다. 자신의 일 밖에 생각하지 않는다. 인간은 지나가는 시간의 순간에 머릿속으로 여러 가지 일을 이것저것 생각하고 있지만, 그 내용은 자신에게 편리하고 유리한 것뿐이다.

다음과 같은 조사를 해본 사람이 있었다. 길을 걸어가고 있는 사람에게, "지금 내가 얘기를 걸기 직전, 당신은 무엇을 생각하고 있었습니까?" 하고 물어보았다. 그 결과,

97%가 자신에 대한 생각이고 타인에 대한 생각도 불과 2~3%였다.

대부분의 사람들은 세금이 너무 많이 나왔다든가, 최근에는 돈벌이가 시원치 않다든가, 요즘의 고객은 째째해서 화끈하게 물건을 구매하지 않는다는 등 지극히 자기 본위

적인 생각만 한다. 그렇다면 그 사람 자신은 다른 점포에 가서 돈을 화끈하게 쓰고 있느냐 하면 그렇지도 않다. 값을 깎으려고만 들고 형편없이 쩨쩨하게 군다. 경영자는 "우리 직원들은 전혀 일을 하지 않는 쓰레기 같은 놈들뿐"이라고 생각하고 있지만, 직원들 쪽에서도, "급료도 다른 회사보다 적고, 사장은 쪼잔해서 잔소리만 많이 한다. 게다가 사장으로서 해야 할 일을 하지 않는다"고 생각하고 있다.

특히, 생리현상적인 문제가 발생하면 100% 자기중심적으로 된다. 가령, 술을 많이 마셔서 머리가 아프다거나 구역질을 하면 고객의 일 따위는 깨끗이 잊어버리고 아픈 것만 빨리 낫게 해달라고 외칠 뿐이다.

경영자나 비즈니스맨이 업무 시간 중 타인에 대해서 생각하는 2~3%의 시간을 전부 "거래처(고객)"에 투입했다고 가정한다면, 하루에 어느 정도의 시간이 될까? 하루에 8시간 일한다면 480분이 되니까, 그 1%라면 "5분", 2%라면 "10분", 그리고 3%라면 "15분"이 된다.

고객으로부터 전화로 상품 주문이 왔을 때, "00님 덕분에 경영을 유지하고 있습니다. 진심으로 감사를 드립니다" 하고 말해도 3초 정도 밖에 안 걸린다. "00님, 몸 건강히 잘 지내십시오"라고 말하는 데 2초 걸린다. 인사말, 감사의 말을 하나하나 전부 주워 모아도 하루에 10분도 채 되지 않는다.

고객에게 인사를 하거나 감사를 표하는 시간을 "고객 시간"이라고 나는 명명한다. 그 나머지 시간은 자신에 대해서만 생각하는 "자기 시간"이다. 고객으로부터 지지를 받고 싶으면 자기 시간을 줄이고 고객 시간을 늘리면 된다. 고객에 대해 정신력을 집중하고 고객을 위해 기도하는 것이 진정한 장사의 시작이다.

하루에 30분, 고객을 위한 시간

모든 영업자들이 이구동성으로 "고객은 왕입니다" 하고 입에 발린 말을 하지만 그 진심성에는 의심이 간다. 회의 석상에서 하는 발언 내용도 자기중심적이다. 회사의 사정이나 자신의 형편에 100% 맞춰서 회의를 진행하고 있는 것이 보통이다. 회의석상에 고객을 배심원으로 참석시킨다면 조금은 제대로 된 회의가 진행될 것이다. 배심원에게 미리 돌멩이를 나누어 주고, 고객을 무시한 쓸데없는 발언

자에게는 돌멩이를 던지게 한다면, 조금은 건설적인 생각을 갖게 될 것이다.

상품 구입자도 마찬가지로, "자신에 대해서"만 생각하고 있다. 저 회사는 매상이 늘어나지 않아서 곤란을 겪고 있으니까 뭐든 구매를 해줘야지 하는 고객은 아무도 없다. 만일 있다고 한다면, 사기꾼이나 야바위꾼이라고 생각하면 틀림없다. 파는 쪽이나 사는 쪽이나 쌍방 모두 자신에 대해서만 생각하고 있으니까, 상대방에 대해서 생각하는 것에는 아주 먼 거리가 있다. 이 멀리 떨어진 거리가 상품이 팔리지 않는 원인이 되고 있다. 상품을 타사보다 많이 팔고 싶다면 이 거리를 좁히면 된다(표 37). 고객의 마음에 접근하면 매상이 확실히 늘어난다.

[표 37] 고객에 대한 시간을 늘리고, 고객과의 거리를 좁혀라

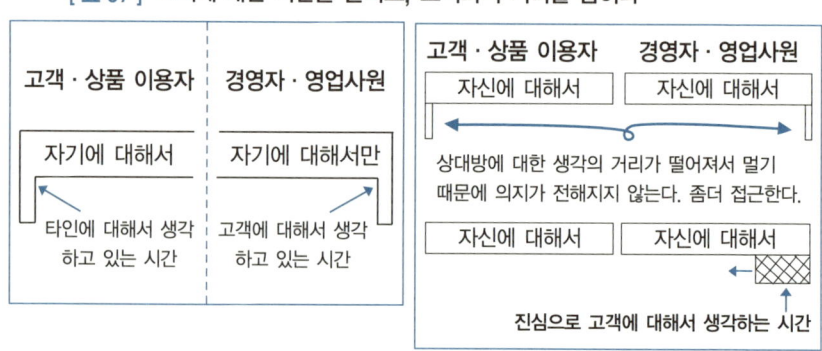

그렇다면 어느 쪽에서 먼저 접근을 해야 할까? 고객 쪽에서 회사의 경영을 원조하기 위해 접근해 오기를 바란다면 이는 사업할 생각이 없는 경영자다. 고객은 왕이다. 왕이 먼저 찾아와야 한다는 발상 자체가 "무서운 후환"이 시작되고 있는 것이다. 이쪽에서 먼저 왕에게 먼저 접근해야 한다. 그럼 어떻게 접근하면 좋은가?

일반적으로 고객 시간의 양은 5분에서 10분가량인데, 필승 체제로 만들려면 란체스터 법칙으로 "3배"로 하면 된다. 즉, 하루에 20분에서 30분의 고객 시간을 만들면 되는 것이다. 이것으로 고객의 마음에 접근할 수 있다.

이것은 바로 "정신분야의 접근전"이다. 접근한 것만큼 상대방의 기분이나 사고방식을 알 수 있게 된다. 그것은 곧 이쪽이 기획하거나 생각하고 있는 계획을 고객이 보다 빨리 이해해 주게 된다는 것을 의미한다. 이른바 "정신적인 면의 차별화"이다. 정신적인 면의 차별화에는 자본의 물량전이 먹히지 않는다. 개인기업이든 대기업이든 자본금의 대소에 관계없이 효과가 나타난다. 약자가 이 점을 중시하면 반드시 활로가 열린다.

● 감사하는 태도를 눈으로 보여주라

그런데 하루에 30분의 고객 시간을 만들었다 하더라도 기도만 해서는 안 된다. 고객에게 관심을 갖고 있다는 것을 어떤 방법으로든 알리지 않으면, 고객은 그 사실을 모르게 된다. 무슨 일이든 "태도"로 나타내어 눈으로 보여주지 않으면 전달되지 않기 때문이다. 그렇다면 어떤 방법으로 보여주는 것이 좋은가? 편지를 이용할 수도 있다.

회사나 상점들이 고객에게 어느 정도 편지를 보내고 있는지를 알아보기 위해 후쿠오카를 중심으로 3천 명 정도의 비즈니스맨을 대상으로 설문조사를 해보았다. 모든 비즈니스맨은 자사의 물건을 파는 동시에 고객의 입장에 놓여 있다. 각자 고객의 입장이 되어 체크해 보기 바란다.

① 3만 엔 이상의 양복을 구입한 고객으로써 가게로부터 정성이 담긴 친필 엽서나 편지를 받은 적이 있습니까? … 받은 사람 3%, 받지 못한 사람 97%

② 2만 엔 이상의 전기제품을 구입한 고객으로써 전자대리점으로부터 정성이 담긴 친필 편지를 받은 적이 있습니까? … 받은 사람 8%, 받지 못한 사람 92%

③ 3만 엔 이상의 가구를 구입한 고객으로써 가구점으

로부터 정성이 담긴 친필 편지를 받은 적이 있습니까? ··· 받은 사람 5%, 받지 못한 사람 95%

④ 1만 엔 이상의 구두를 산 고객으로써 정성이 담긴 친필 편지를 받았습니까? ··· 받은 사람 0%, 받지 못한 사람 100%

⑤ 생명 보험을 계약한 고객으로써 계약을 체결한 후에 정성이 담긴 친필 편지를 받았습니까? ··· 받은 사람 8%, 받지 못한 사람 92%

⑥ 자신의 돈으로 자동차를 산 고객으로써 정성이 담긴 친필 편지를 받았습니까? ··· 받은 사람 6%, 받지 못한 사람 94%

⑦ 자기 집을 가진 고객으로써 자신의 집에 다다미를 깔아준 업자를 알고 있습니까? ··· 알고 있는 사람 0%, 모르는 사람 100%

⑧ 자기 집을 가진 고객으로써 자신의 집에 전기공사를 한 업자를 알고 있습니까? ··· 알고 있는 사람 0%, 모르는 사람 100%

⑨ 자기 집을 가진 고객으로써 자신의 집을 건축한 업자로부터 그 뒤 연하장을 받았습니까? ··· 받은 사람 7%, 받지 못한 사람 93%

조사를 한 장소나 참가자의 면면에 의해서 비율은 좀 변하겠지만 큰 줄거리는 변함이 없다.

● 편지를 보내지 않는 장사꾼·건축업계·보험업계와 비교적 잘 하고 있는 전자대리점

대부분의 비즈니스맨이 공통적으로 고객의 입장이 되는 곳이 양복점이다. 양복을 사러 가면 대개 자신에 맞게 약간의 치수 조정이 있기 때문에 수선기간이 2~3일 정도 걸린다. 그래서 계약자의 주소와 성명, 전화번호 등을 계약서에 기재해 놓는다. 만약, 맞춤 양복이라면 가봉 과정이 있으니까 편지를 보내는 데 필요한 정보는 전부 가지고 있을 것이다. 그런데도 친필 인사장을 받은 사람은 3% 정도밖에 안 된다.

매장 면적이 좁은 약자가 이런 노력도 하지 않으면, 백화점이나 대형 상점에 고객을 빼앗기는 것은 당연하다. 어디서 상품을 사는가의 권리는 고객에게 있다. 아무것도 하지 않으면서 상품을 사러와 주기를 바라는 것은 뻔뻔스럽지 않은가? 양복을 샀는데도 97%의 고객은 감사편지를 받아보지 못했다. 팔리지 않는 원인은 바로 여기에 있었다.

고객 감사편지 결과에서 비교적 높은 비율을 올리고 있는 것은 전자대리점이었다. 전자대리점에서 상품을 사면 작은 물건만 빼고 전부 보증서를 발행해 주고, 1년 이내에 고장 났을 때에는 무료 또는 싼 요금으로 수리를 받을 수 있다. 그래서 귀찮더라도 주소와 성명을 기입한다. 상품을 구입한 사람에게 감사장을 보내고 있는 전자대리점이 8%나 되었다. 내구소비재 업계에서는 가장 높은 비율이었다. 〈마츠시타〉 계열과 〈히타치 체인 스토어〉가 감사장을 가장 많이 보내고 있는 것 같았다. 한편, 가구점은 편지를 보내는 데 필요한 모든 정보를 가지고 있음에 불구하고 감사편지를 보내고 있는 곳이 5%에 불과했다. 가구 한 세트를 파는 데는 수천 장의 전단지가 필요하다. 한 번 구입한 고객에게 계속 거래를 하도록 하기 위한 사전 작업으로 편지를 보내면 훨씬 효과가 클 텐데도 그렇게 하고 있는 곳은 극히 드물었다. 대량의 전단지와 기다리는 장사 밖에 할 줄 모르는 가구점이 얼마나 많은가를 증명해 주었다.

편지 앙케트 조사를 하면서 가장 놀란 업체는 구둣방이었다. 어찌된 셈인지 제로였던 것이다. 매장 면적이 가장 좁은 구둣방, 입지 조건이 나쁜 구둣방, 그리고 후발업자인 구듯방은 이런 노력을 하지 않으면 도저히 살아남을 수 없다.

　생명보험 업계도 의외로 비율이 낮았다. 보험회사의 영업사원은 영업 이외의 일은 거의 하지 않았다. 영업관리를 전담하는 사람은 별도로 있으므로 이렇다할 잡무가 없었다. 그래서 시간은 얼마든지 있는 데도 편지를 보내고 있는 영업사원은 8% 뿐이었다. 나는 예상보다 훨씬 낮은 비율에 내심 깜짝 놀랐다. 보험 가입자 본인의 생년월일부터 가족 구성까지 자세한 정보를 가지고 있는 것 치고는 감사장을 보낸 비율이 너무나 낮았던 것이다.

　자동차 회사의 영업사원도 거의 비슷한 비율이었다. 보험회사와 자동차회사의 영업은 영업 직종 가운데서는 최고 레벨에 위치하고 있다고 생각했는데, 고객에 대한 감사는 별로 그렇지도 않았다.

　샐러리맨에게 있어서 "주택"은 큰 비중을 가진 사업이다. 무리를 하면 할수록 주택 자금 대출의 압력이 어깨를 짓누른다. 그래서 "주택" 건설을 담당한 건축사무소나 건축업자는 연하장 정도는 매년 보내고 있을 것이라고 생각하고 있었으나, 감사장을 받아 본 고객은 7% 정도 밖에 안 되었다. 그 나머지 93%의 고객들은 연하장조차 받지 못했다고 대답했다. 큰 공사 금액이 오고가는 업계치고는 고객 관리가 엉성하기 짝이 없었다.

편지 앙케트 조사를 실시하고 나서 깨달은 일인데, 편지를 보내는 성의에 의해서 업계별 경영에 대한 마음가짐의 수준을 알 수 있었다는 사실이다. 또 어느 업계에나 적극적이고 열성적인 사람이 3%에서 5%정도는 있다는 사실이다. 이 적극적인 쪽에 들어가 있는 회사는 불경기라 하더라도 실적을 향상시켜 나가고 있다.

자신의 상품을 이용해준 사람들에게 보답하는 의미에서라도 "고객 시간"을 만들어라. 그리고 마음이 담긴 편지를 써서 감사하는 태도를 나타내 보여라. 이렇게 하면 약자라도 승리자 그룹에 들어갈 기회가 생긴다.

엽서로 No.1이 된 호후 덴만구

편지를 보내서 성공한 예가 있다. 야바구치 현의 호후 시에 "호후 덴만구(天滿宮)"가 있다. 이곳은 스카하라 도신공을 모시고 있는 신궁이다. 스가하라 도신공을 모신 신궁 중에서는 다자이후가 전국적으로 널리 알려져 있었다. 다자이후시 덴만구의 참배자는 규슈에서 제일 많았다. 당연히 새전(賽錢 = 신불에 참배하여 올리는 돈)의 시장 점유율도 규슈에서 최고였다. 학업의 신령님이기 때문에, 연말부터 3월까지는 학생들이 꼬리를 물고 찾아왔다.

그런데 같은 스가하라공을 모셔 놓고 있는 호후 덴만구는 참배자가 적어서 그다지 번성하지를 못했다. 그래서 관리인은 참배자를 늘릴 방법을 곰곰이 생각했다.

수험생은 신궁에 참배하고 특별 기원 세트를 구입한다. 특별 기원 세트에는 부적과 에마(繪馬 = 소원이 이루어지는 사례로 말 대신에 신사나 절에 봉납하는 말 그림 액자)와 필승 머리띠가 들어 있다. 이것을 사가지고 돌아간 학생은 자택에서 에마에, "요행수라도 좋다, ○○대학교"라고 쓴다. 그리고 주소와 성명을 써서 우편으로 보낸다. 그리고 우편으로 에마가 보내져 오면, 덴만구에서는 에마를 경매에 걸어 좋고 학생에게 "격려의 엽서(표 38)"를 우송한다. 이전의 문장 내용이지만 소개하기로 하겠다.

[표 38] "격려의 엽서"

> 근계(삼가 아룁니다), 건강하시기를 빕니다.
> 그런데 지망 학교 입시가 며칠 남지 않아서 여
> 러 가지로 바쁘시리라 생각합니다.
>
> 당 덴만구에서는 소원에 따라 밤낮으로 기도
> 에 전념하고 있습니다만, 한층 더 면학에 정진
> 하셔서 신령님의 뜻에 따라 보기 좋게 우수한
> 성적을 가지고 진학이 이루어지도록 지원 드립
> 니다.
>
> 　20××년 ×월 ×일 길일
>
> 호후 덴만구 사무소
> 우편번호 747 : 호후시 마츠자키쵸 14-1
> 전화 : 0835-23-770. (대표 전화)

얼피 보기에는 까다로운 옛날 말투다. 내용은 귀하의 의
뢰에 따라 우리도 "아침부터 밤"까지 신령님께 기도하고
있지만, 귀하도 열심히 공부를 해 주십시오 하는 내용이
다. "기도하고 있지만"하는 문구가 마음에 걸린다. 이것은
만일 떨어진다면 당신 쪽이 잘못한 것이라는 의미를 내포
하고 있다. 덴만구도 노력하고 당신도 노력한다면 희망하
는 학교에 합격할 것입니다 하는 엽서다. 호후 덴만구는

이 엽서를 계속 보내는 사이에 드디어 야마구치 현에서 No.1이 되었다. 부처님이나 신령님의 업계에도 점유율 경쟁이 있는 것이다. 이 엽서를 받기 위해서 먼 곳에서 찾아오는 학생도 있다.

2천 엔짜리 상품을 구입하는 고객에게 빠짐없이 감사의 엽서를 보내는 노력을 아끼지 않은 결과, 이 노력이 신령님께 통해서 야마구치 현에서 No.1이 되었던 것이다. 고작 엽서를 가지고 그러느냐고 얕잡아 보면 안 된다. 더군다나 편지를 보내라, 엽서를 보내라고 말하고 있는 것은 내가 아니다. 신령님의 "계시"인 것이다. 지금은 신령님이라도 편지를 보내는 시대다. 이것을 잊어서는 안 된다. 신령님의 도움을 빌어서 즉각 실행에 옮겨야 할 것이다.

그런데 이 세상에는 이렇게 감사편지를 보내고 있는 사람이 극히 드물다. 상인의 입장에 있으면서도 고객에게 감사의 엽서조차 보내지 않는 것이 실상이다. 영업사원이면서도 고객에게 편지를 전혀 보내지 않는다. 해야 할 일을 빼먹고 있는 것이다. 그 결과, 고객으로부터 버림을 받고 매상이 점점 줄어들어서 경영이 기운다. 이것을 "신령님의 재앙"이라고 부른다. 당연한 결과이다. 왕인 고객에게 해야 할 감사를 하지 않으면 당연히 버림을 받게 된다. 재앙

이 두려우면 하루에 30분의 "고객 시간"을 만들고, 감사의 편지를 보내거나 도움이 되는 경영 자료를 보내면 된다.

진심편지를 쓰는법

상품을 구입한 고객을 결코 잊어서는 안 된다.
또한 고객으로부터 잊혀져서도 절대 안 된다.

　편지든 엽서든 간에 문장의 구성이 마음에 걸리거나, 글을 쓰는 것은 딱 질색인 사람이 세상에는 엄청나게 많다(사실 나도 그 중 한 사람이다). 그렇다면 어떤 문장이 나쁜 문장인가? 창피를 당하고 싶지 않으면, 남에게 실례가 되는 글을 쓰면 안 된다. 아무튼 신경이 꽤 쓰이는 일이다. 그래서 지나치게 과잉 방어가 되어서 편지를 보내지 않는 사람도 있을 것이다. 어떻게 하면 잘 쓴 편지가 될 수 있을까를 고민하다가 문득 편지나 엽서의 문장에는 구성상의 요점이 있다는 것을 깨달았다. 그 요점은 다음의 3가지로 나눌 수 있다.

　① **공통문** --- 편지를 쓴 사람과 편지를 받는 사람이 공유

하는 문장. "처음과 끝의 인사말"이 이것에 해당된다.

② **자신의 글** ――― 편지를 쓴 사람이 자신에 대해서 쓴 문 장이다.

③ **상대방의 글** ――― 편지를 받는 사람에 대해서 쓴 문장. 편지를 쓴 사람 쪽에서 보면, 상대방에 대해서 쓴 문장.

그런데 이 3가지 요점의 각각의 비율이 문제가 된다. 편지를 받은 고객 쪽에서 볼 때, 좋은 편지란, ①의 처음과 끝의 인사말에 10% ②의 쓰는 사람에 대해서 쓴 글이 30%, ③의 상대방, 즉 고객에 대해서 60%를 쓰면 최고의 편지가 된다. 편지를 받아서 읽는 상대방은 자신에 대해서 "60%", 그리고 시후의 인사까지 포함하여 70%씩이나 쓰여 있으면, 누구든 간에 끝까지 읽고 싶어지는 법이다.

이런 편지를 나는 "진심편지", "진심 엽서"라고 이름을 붙였다. 글자수로 60%나 상대방에 대해서 쓴다는 것은 쉬운 일이 아니다. 이런 "진심편지"는 좀처럼 받아 보기 힘들다. 1년에 한 통 정도 받으면 많이 받는 편이고, 5통이나 받으면 기적이라고 생각해도 좋다. 보통 편지는 어떤가? 그 반대로 되어 있다. 상대방에 대해서는 판에 박은 인사로 재빨리 끝내고 있다. 그리고 그 다음에는 자신의

사정에 대해서만 장황하게 써서 보내고 있다. 예를 들면,

"귀사의 번영을 진심으로 기뻐하고 있습니다"하고 나서,

"그런데 우리 회사"가 이런 상품을 팔고 있으니까 사라, 사달라, 사주시오… 하는 식의 편지가 대부분이다. 상대방에 대해서는 한 줄도 채 되지 않게 쓰다가 말고, 자신에 대해서는 "95%" 이상을 배분한 편지이다. 이것을 나는 "속셈편지"라고 이름을 붙였다. 이 세상에는 이와 같은 "속셈편지"로 넘쳐나고 있다. 읽는 사람에 대해서는 전혀 배려를 하지 않은 편지가 어디선지 모르게 계속 날아든다. 그러나 이 "속셈편지"는 그대로 발치에 있는 휴지통으로 직행하게 된다. 이런 편지를 소위 "자원 낭비"라고 한다.

다만 업무상의 편지는 회사의 목적에 집중하는 것이 좋다. 쓸데없는 문장이 적은 편이 오해가 적기 때문이다.

그러나 인사 편지로는 "진심편지"를 보내는 것이 좋다. 시후의 인사 등의 공통문과 자신에 대한 글을 합쳐서 40% 이하의 비율로 쓴다. 그리고 고객에 대해서 60% 이상을 할애한 구성으로 쓴 "진심편지"야말로 명문(名文)이라고 할 수 있다.

물이 흐르는 것 같은 명문이라 하더라도 자신에 대해서만 쓴 편지는 고객 쪽에서 보면 쓸모없는 종이쪽지가 된

다. 고객은 "역사에 길이 남을 만한 명문"을 기대하는 것이 아니다. "진심편지"의 법칙에 따라서 감사편지를 쓰면 글씨가 조금 비뚤어지거나 문장이 자연스럽지 않더라도 상대방은 마음속으로 이해해 가면서 읽어줄 것이다.

상대방에 대해서 쓰는 문장의 포인트는,

① 상대방이 좋아하는 분야

② 상대방의 취미 분야

③ 상대방이 흥미를 갖고 있는 분야

④ 상대방의 관심이 깊은 분야

이러한 곳에 의식을 집중해서 편지를 쓰면 된다. 하루의 일을 끝내고 일단락을 짓는다. 기분을 조용히 가라앉히고 오늘 하루를 돌아보면서 정신을 집중한다.

● 오늘 상품을 구입한 그 고객에게

● 생각지도 않았을 때 전화로 주문을 한 그 고객에게

● 비를 맞으면서도 가게를 찾아 준 그 사람에게

● 춥고 바람이 강하게 부는 데도 찾아와 준 그 사람에게

● 눈이 많이 내려서 머리와 발에 눈을 잔뜩 묻히고 가게를 찾아 주어서 감격한 그 고객에게

● 친지나 친구를 소개시켜 준 그 마음씨 따뜻한 사람에게 ……

자신의 사정이나 이해를 제로로 하고, 상대방에 대한 100% 감사의 마음을 담아 솔직하게, 있는 그대로, 직접적으로 감사의 엽서를 쓴다. 접속이나 문법에는 신경 쓰지 않아도 된다. 이런 편지를 계속 써서 보내다 보면, "진심 편지"를 지침 없이 척척 쓸 수 있게 될 것이다.

경영자나 영업사원 중에는 "전화를 걸려고 생각하고 있었습니다", "편지를 보낼까 하고 생각하고 있었습니다"는 식으로 매년, 20년 동안이나 핑계만 계속 대온 사람도 있다. 핑계 기술만 해마다 발달해서, 상공회의소에서 만약에 변명 경연대회를 열면 입상할 것이 틀림없는 사람도 있다.

생각하고 있더라도 이것을 "태도로 보여주지 않으면" 고객에게는 전해지지 않는다. 생각하고 있어도 그 "물적 증거"인 메시지를 보내지 않으면 상대방에게 전해지지 않는다. 이것을 실행하려면 미리 시간을 만들어서 강제화할 필요가 있다. 이것을 지키다 보면 어느새 인사 편지를 보내는 것이 습관이 된다. 하루의 업무를 끝내고 난 뒤에 30분의 "고객 시간"을 만들어서 정신적인 것으로 보답해 나간다.

경영의 비결, 아니 영업의 비결은 아무래도 여기에 있는 것 같다. 이것을 실행하면 의외일 정도로 고객의 수가 늘어나서 회사가 발전하게 된다.

부디 하루에 30분의 "고객 시간"을 만들어 거래처의 발전과 이용자의 행복을 빌고 감사를 태도를 나타내 주기 바란다.

그리고 고객의 지지와 신의 도움에 의해서 여러분의 사업이 순조롭게 발전하고 성공하기를 기원하는 바이다.

란체스터 전략 No. 1 만들기의 15가지 원칙

원칙1 약자는 자신의 일에 정열을 가지고, 열의로 가득찬 행동을 한다.

원칙2 약자는 강한 회사와의 경합을 피하고, 이기기 쉬운 장면을 선택해야 한다.

원칙3 약자는 전체 발상을 피하고 요점을 세분화하고 공격 목표를 명확히 해야 한다.

원칙4 약자는 힘의 분산을 피하고 중점주의를 철저히 한다.

원칙5 약자는 총력의 70%를 고객 확보에 투입해야 한다.

원칙6 약자는 장시간 노동에 철저하고 필승의 12시간, 압승의 14시간을 투입해야 한다.

원칙7 약자는 투입 시간의 30%를 관리와 계획에 배분해야 한다.

원칙8 약자는 7시 30분부터 일을 시작하고 행동 계획을 세워서 효과를 높여야 한다.

원칙9 약자는 휴일 중 30%를 전략 계획과 직원 교육에 투입해야 한다.

원칙10 약자는 "하기 전 비평"을 피하고 현장주의와 체험학습, 4현주의를 중시해야 한다.

원칙11 약자는 중장비적인 발상을 피하고 경장비와 자유도의 높이로 승부해야 한다.

원칙12 약자는 안이하게 남의 힘에 의존하지 말고 독자 노선을 개발해야 한다.

원칙13 약자는 이동시간이 많은 광역전을 피하고 국지전 판매를 중시해야 한다.

원칙14 약자는 간접전을 피하고 고객을 특정화하여 최종 이용자에게 접근해야 한다.

원칙15 약자는 하루 30분의 고객 시간을 마련하여, 거래처와 이용자에게 감사하는 태도를 나타내야 한다.

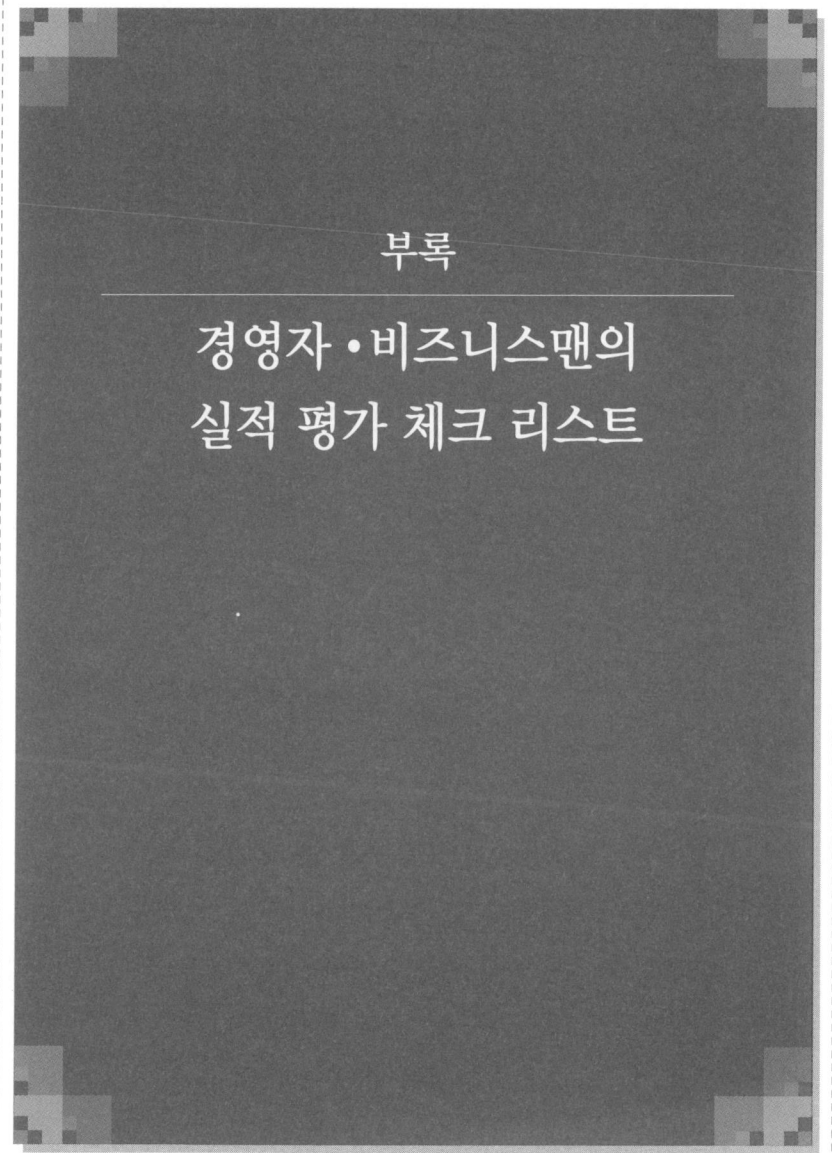

부록

경영자 • 비즈니스맨의
실적 평가 체크 리스트

1 당신은 현재의 일이나 사업에 열의를 갖고 있습니까?

　5. 현재의 일, 현재의 사업에 열의를 갖고 집중하고 있다.

　4. 현재의 일, 현재의 사업에 상당한 열의를 갖고 있다.

　3. 현재의 일, 현재의 사업에 대한 열의는 보통 정도다.

　2. 현재의 일, 현재의 사업에 대해서 열의가 약간 부족한 것 같다.

　1. 현재의 일, 현재의 사업에 대해서 열의가 없고 집중하지 못한다.

2 지역 상권에서 영업력 분야에서 No.1을 차지하고 있습니까?

　5. 지역 상권에서 보면 No.1의 영업력을 갖고 있다.

　4. No.1까지는 아니지만 상위에 들어가는 영업력은 있다고 생각한다.

　3. 지역 상권에서 보아 영업력은 중간 정도라고 생각한다.

　2. 지역 상권에서 보아 영업력은 약간 떨어지는 것 같다.

　1. 지역 상권에서 보아 영업력은 상당히 떨어진다고 생각한다.

3 취급하는 상품 가운데 경쟁력을 가진 상품이 있습니까?

　5. 업계에서 보아 강한 경쟁력을 가진 상품을 갖고 있다.

　4. 업계에서 강한 쪽에 들어가는 상품을 갖고 있다.

　3. 상품의 경쟁력은 중간 정도라고 생각한다.

　2. 상품의 경쟁력은 약간 떨어진다고 생각한다.

1. 상품의 경쟁력은 상당히 떨어진다고 생각한다.

4 자사 상품의 이용자층은 누구인지 명확히 특정하고 있습니까?

5. 이용자층을 명확히 하고 그 층의 요망을 연구하고 있다.

3. 이용자층을 상당히 명확히 하고 이용층의 연구도 하고 있다.

1. 이용자층은 자연발생적이고, 이용층의 연구는 그다지 하지 않는다.

5 당신은 고객활동에 얼마나 시간을 할애하고 있습니까?

10. 활동시간의 70%은 고객활동에 돌리고 있다고 생각한다.

8. 활동시간의 60%은 고객활동에 돌리고 있다고 생각한다.

6. 활동시간의 50%은 고객활동에 돌리고 있다고 생각한다.

4. 활동시간의 40%은 고객활동에 돌리고 있다고 생각한다.

3. 활동시간의 30%은 고객활동에 돌리고 있다고 생각한다.

2. 활동시간의 20%은 고객활동에 돌리고 있다고 생각한다.

6 고객 만들기에 대한 직장 내의 구체적 활동과 정신 상태는 어떻습니까?

5. 이용객을 늘리기 위하여 적극적으로 연구하고 대응 중이다.

4. 이용객을 늘리기 위하여 열심히 대응하고 있다.

3. 이용객을 늘리기 위한 대응은 보통 정도다.

2. 이용객을 늘리기 위한 대응은 약간 소극적이다.

1. 이용객을 늘리기 위한 대응은 상당히 소극적이다.

7 당신은 하루에 몇 시간 일을 하고 있습니까?

10. 일에 대한 평균 투입 시간양은 14시간

8. 일에 대한 평균 투입 시간양은 12시간

6. 일에 대한 평균 투입 시간양은 10시간

5. 일에 대한 평균 투입 시간양은 9시간

4. 일에 대한 평균 투입 시간양은 8시간

3. 일에 대한 평균 투입 시간양은 7시간

8 당신은 아침 몇 시부터 일을 시작하고 있습니까?

5. 평균적으로 아침 7시까지는 일을 시작하고 있다.

4. 평균적으로 아침 7시 30분까지는 일을 시작하고 있다.

3. 평균적으로 아침 8시까지는 일을 시작하고 있다.

2. 평균적으로 아침 8시 30분까지는 일을 시작하고 있다.

1. 평균적으로 아침 9시까지는 일을 시작하고 있다.

(소매업과 서비스업은 1시간 늦춰서 채점)

9 당신은 휴일을 일이나 연구, 연수에 돌리고 있습니까?

   5. 평균적으로 휴일을 월 4일 일과 연구에 돌리고 있다.

   4. 평균적으로 휴일을 월 3일 일과 연구에 돌리고 있다.

   3. 평균적으로 휴일을 월 2일 일과 연구에 돌리고 있다.

   2. 평균적으로 휴일을 월 1일 일과 연구에 돌리고 있다.

   1. 평균적으로 휴일에는 거의 일을 하지 않는다.

10 외부 연수에 어느 정도나 참가하고 있습니까?

   5. 평균적으로 한 달에 3회 정도 나가고 있다.

   4. 평균적으로 한 달에 2회 정도 나가고 있다.

   3. 평균적으로 한 달에 1회 정도 나가고 있다.

   2. 평균적으로 2개월에 1회 정도 나가고 있다.

   1. 평균적으로 6개월에 1회 정도 나가고 있다.

11 신규 이용자를 늘리기 위하여 활동하고 있습니까?

   5. 신규고객의 개척활동을 위해 적극적으로 움직이고 있다.

   4. 신규고객의 개척활동을 위해 상당히 적극적으로 움직이고 있다.

   3. 신규고객의 개척활동은 보통 정도라고 생각한다.

   2. 신규고객의 개척활동은 다소 약하다고 생각한다.

   1. 신규고객의 개척활동은 상당히 약하다고 생각한다.

12 현재의 영업활동은 적극형입니까, 기다리는 장사형 입니까?

5. 영업은 행동력을 발휘해서 밖으로 나가 뛰고 있다.

4. 영업은 상당히 적극적으로 밖으로 나가 뛰고 있다.

3. 영업력은 보통 정도이다.

2. 영업 내용은 약간 기다리는 장사형으로 되어 있다.

1. 영업 내용은 상당히 기다리는 장사형으로 되어 있다.

13 회사나 주변의 비품은 절약하고 있습니까?

5. 비품이나 주변의 물건은 철저히 절약하고 있다.

4. 비품이나 주변의 물건은 상당히 절약하고 있다.

3. 비품이나 주변의 물건은 보통 정도라고 생각한다.

2. 비품이나 주변의 물건은 약간 돈이 들어가고 있다.

1. 비품이나 주변의 물건은 상당히 돈이 들어가고 있다.

14 당신의 영업활동 내용은 어떻습니까?

5. 국지전을 중시하고 먼 곳의 활동은 피하고 있다.

4. 국지전형이 되도록 노력하고 있다 (이동시간은 40%).

3. 활동 내용은 대략 보통이다 (이동시간은 50%).

2. 약간 먼 곳까지 발을 뻗고 있다 (이동시간은 60%).

1. 상당히 먼 곳까지 발을 뻗치고 있다 (이동시간은 70%).

15 영업 내용은 접근형입니까, 간접형입니까(하청적 활동)?

10. 최종 이용자와의 거래가 80% 이상이다.

8. 최종 이용자와의 거래가 60%이고, 40%은 간접(하청)

6. 최종 이용자와의 거래가 50%이고, 50%은 간접 (하청)(도매)

4. 최종 이용자와의 거래가 40%이고, 60%은 간접 (하청)

3. 최종 이용자와의 거래가 30%이고, 70%은 간접(하청)

2. 거래 전부가 하하청으로 되어 있다.

16 고객에게 정성이 담긴 친필 엽서를 보냅니까?

10. 평균적으로 하루에 5통의 엽서를 보내고 있다.

8. 평균적으로 하루에 3통의 엽서를 보내고 있다.

6. 평균적으로 하루에 2통의 엽서를 보내고 있다.

4. 평균적으로 하루에 1통의 엽서를 보내고 있다.

2. 친필 편지를 보내는 일은 거의 없다.

채점 결과의 내용

1. 85점 이상 …… 면허개전형(제 1급) 전략 경영자 · 비즈니스맨

약자의 전략을 실천하고 충분히 체득해서, 자신의 업계에만 머물지 않고 타업종에도 충분히 응용할 수 있는 실력 경영자. 업적은 톱 클래스다.

2. 80점 ~ 84점 ……완전한 전략적 경영자 · 비즈니스맨

약자의 전력을 실천하여 성과도 오르고, 경영 내용은 업계에서 상위에 있다. 사입처나 은행의 신용도 두텁고, 앞으로 더욱 뻗어나갈 가능성이 있다.

3. 75점 ~ 79점 …… 상당한 전략적 경영자 · 비즈니스맨

약자의 전략을 이해하고 실천하고 있다. 그러나 자사의 업계에 한정되고, 다른 업계에 응용할 수 있는 경지에는 이르지 못하고 있다. 타업종의 연구를 계속하면 더욱 뻗어나갈 수 있다.

4. 70점 ~ 74점 …… 약간 전략적인 경영자 · 비즈니스맨

전략 사상은 일단 합격점이다. 좋은 점을 키우고, 연구를 계속해 나가면 좋다.

5. 65점 ~ 69점 …… 평균적인 경영자와 비즈니스맨

평균적인 실적은 내고 있지만 아직 노력이 부족한 감이 있다. 약자의 전략에 철저히 파고들어, 이것을 2~3년 지속하여 자신을 단련해야 한다.

6. 60점 ~ 64점 …… 약간 고전하는 경영자와 비즈니스맨

약자의 전략을 연구하고 일상적인 업무에 적용하고 실천해 나가지 않으면 경영은 결국 악화된다. 월간 1사람 당 순이익 1만엔은 실질적으로 '제로'에 가까우며, 기업발전을 위한 선행 투자가 불가능하다. 되도록 빨리 결의한 바를 실행한다. 주 업무시간인 낮 동안에는 회의를 하지 않는다.

7. 55점 ~ 59점 …… 상당히 고전하는 경영자 · 비즈니스맨

중소기업에서 폐업이 많아지는 것은 월간 1인당 순이익이 5천 엔부터다. 실질상 적자가 나고 있는 내용이다. 경영은 비상사태 선언을 하고서, 본업에 철저히 집중해 나가지 않으면 위험해질 우려가 있다. 전 사원을 동원해서 고객을 찾아다니게 하고 조속히 대책을 세워야 한다.

8. 50점 ~ 54점 …… 명백히 고전하는 경영자 · 비즈니스맨

회사의 비상사태 선언을 할 필요가 있다. 약자의 전략을 철저히 연구하고, 모든 사원이 철저히 약자의 전략을 지켜야 한다. 또 전투시간을 길게 하고, 사원은 필승형인 12시간 근무를 하고, 간부 및 사장은 그 4배인 14시간을 지킬 것. 평상시의 회의는 중지하고 시간 외로 미룬다.

9. 45점 ~ 49점 …… 고전이 연속되는 경영자 · 비즈니스맨

즉각 비상사태를 선언하고, 사원은 필승형인 12시간 근무를 하고, 휴일의 반수를 출근한다. 간부 및 사장은 그 4배인 14시간 근무를 하고, 고객 중시로 움직인다. 이것을 지키지 못하는 경우에는 조만간 도산할 우려가 있기 때문에, 적자가 월매상의 1.5개월분에서 2개월분이 쌓이고 경영자의 시간 중 40%가 자금 조달을 위해 쓰여지는 경우에는 서둘러 폐업을 고려한다. 그렇게 하지 않으면 사입처를 위시해서 관계자들에게 커다란 손실을 안겨주게 된다.

※ 당신은 종업원인데, 언젠가 독립하려고 생각하고 있는 경우에는,

   A. 80점 이상 …… 독립해도 충분히 해나갈 실력이 있다.

   B. 75점 ~ 79점 …… 독립해도 그럭저럭 해나갈 실력이 있다.

   C. 70점 ~ 74점 …… 독립할 수 있는 최하한선. 약간 위험이 따를 우려가 있다.

   D. 65점 ~ 69점 …… 독립할 실력이 아직 없다. 우선 회사 안에서 그 분야의 No.1이 되고, 그리고 업계 전체로 보아도 상위의 실적을 만들어 놓은 뒤에 독립하라.

   E. 60점 ~ 64점 …… 경영의 실체를 모르고, 다만 독립이라는 것을 장미빛으로 생각하고 있는 경향이 있다. 약자의 전략을 연구하고 실천하고 성과를 낸 다음에 독립을 생각할 것. 지나치게 서두르면 흥신소의 도산 속보에 오르는 결과가 된다. 도산을 1건 더 늘려서 어쩌겠다는 것인가?

   F. 50점 ~ 59점 …… 자신의 분수를 몰라도 한참 모른다. 독립보다는 우선 실적을 만들어 볼 것

다오카 노부오 선생님과의 만남

1973년 6월 23일, 나는 후쿠오카의 세미나 전문 회사가 주최하는 강연회에 참석했다. 35세 때였다. 1시부터 5시까지 진행되고, 강연자 두 사람에 참가자는 약 80명이었다. 일류 광고회사의 마케팅 부장이 먼저 이야기를 시작했다. 학력도 좋고 머리도 좋은 것처럼 보였으나 강연은 시시하기 짝이 없었다. 강연을 하는 동안 영어 단어가 풍부하게 튀어 나왔지만 알맹이가 없었다. 이야기하는 방법에 대한 연구가 부족했다. 참석자 중 30% 가량은 부작용 없는 수면제를 얻어 먹은 것 같은 기분으로 자고 있었다.

나는 맨 뒷줄에 앉아 있었다. 우스꽝스러운 일이지만, 내 뒤쪽에 앉은 주최자 측의 두 사람도 코를 골기 시작했다. 나는 주최자의 발을 두드리고, "자는 것은 자유지만 코는 골지 말게나"하고 말했다. 소중한 용돈을 털어서 참석했기 때문에 돈을 돌려 달라는 눈으로 노려본 것은 두말할 것도 없다. 얼마 뒤에 커피 타임을 가졌다.

그 뒤에 강연을 하러 나온 분이 다오카 노부오 선생님이었다. 이야기가 시작되자마자 참석자들의 눈빛이 달라졌다. 조금 전까지 자고 있던 사람들도 눈을 번쩍 크게 떴다. 그리고는 앞으로 다가가는 느낌으로 몸을 쑥 내밀고 듣기 시작했다. 나는 맨 뒤의 구석에 앉아 있었기 때문에 앞에 앉아 있는 사람들의 모습을 잘 볼 수가 있었다.

2시간의 짧은 시간이었으나 란체스터 법칙의 원리와 원칙에 대한 해설을 들었다. 지금까지 들었던 강연과는 전혀 달라서 깊이 감동했다. 나도 저렇게 강연을 잘 할 수 있으면 얼마나 좋을까 하고 생각했다. 그 감격을 잃고 싶지가 않아서 강사 대기실로 달려갔다.

차를 마시고 있는 다오카 선생님에게, "함께 사진을 좀

찍어 주십시오"하고 부탁을 했다. 흔쾌히 승낙을 해주셔서 사진을 찍었다. 이것이 "자칭 제자 입문"의 시작이었다. 그 이래 다오카 선생님이 후쿠오카에 강연을 하러 오실 때에는 언제나 참석해서 란체스터 연구를 하기 시작했다.

호텔이나 강연회장에서 기회가 있을 때마다 개인적인 지도도 받았다. 후쿠오카에 숙박하실 때에는 나카스에 가서 교제를 하기 시작하고 이것저것 힌트도 얻었다. 그것이 인연이 되어서 다오카 선생님의 지원을 받아 독립을 할 수 있었다. 선생님의 강연을 처음 들은지 꼭 10년째였다.

독립 파티에는 부부가 함께 참석해 주시고 마음에 남는 커다란 선물까지 해 주셨다.

그러나 그로부터 1년 반 뒤에 1984년 11월 23일, 세상과의 작별을 고하셨다. 나의 실망과 낙담은 이루 말로 다할 수가 없었다. 1주기의 일정이 정해졌을 때, 영국의 프레드릭 란체스터의 묘지 참배도 계획했다. 다오카 선생님의 1주기가 끝난 뒤인 12월 9일부터 10일간 나는 란체스터와 관련된 장소를 방문했다.

프레드릭 란체스터의 미망인 도로시 란체스터 여사도

이미 고인이 되었고 자녀도 없었기 때문에, 란체스터의 생전의 사정을 아는 사람은 없을 것이라고 단념을 하고 있었다. 그런데 란체스터의 막내동생의 아내, 메리 란체스터여사가 건재하다는 것을 알게 되었다.

메리 란체스터 여사는 런던에서 서부로 150킬로 떨어진 엑세터시의 북쪽 30킬로에 있는 시골 마을에서 살고 있었다. 방문을 했더니 크게 환영을 해 주었다. "모프"라는 이름을 가진 개와 함께 살고 있었는데, 나는 아내와 함께 하룻밤 신세를 졌다. 87세의 고령이었으나 건강한 편이었다. 그리고 시골길을 자동차로 시속 70킬로미터의 속도로 씽씽 달려서 엑세터역까지 우리를 바래다 주었다.

란체스터 공업 대학교를 방문하고,

메리 란체스터 여사를 방문하고 난 뒤, 여사의 소개로 란체스터 공업 대학교를 방문했다. 1959년에, 커벤트리시의 교육위원회는 시립 공업 대학교를 창설하기로 결정했다. 무엇인가 특징있는 매력적인 대학교로 만들어 보려고 검토를 하기 시작했다. 그 결과, 영국에서 제1호의 가솔린 엔진을 부착한 자동차를 만들고, 커벤트리시의 교외에서 자동차의 상업 생산을 했던 프레드릭 란체스터의 위업을 기려서, 란체스터 공업 대학교로 하면 어떻겠느냐는 안이 나와서 그것으로 결정했다고 한다. 이렇게 해서 1961년, 란체스터 공업 대학교가 세워지게 되었다.

이 대학교의 도서관 한쪽에 란체스터 자료관이 있었다. 이 자료관의 책임자인 존 플레처 씨를 만날 수가 있었다. 대단히 반가워 하면서 대학교가 보유하고 있는 프레드릭 란체스터의 연구 자료를 보여주었다. 연구 자료 한 장 한 장에 손을 갖다 댈 때마다 나는 감동을 느꼈다. 자동차를 생산하고 있었기 때문에, "란체스터 카"에 관한 자료가 많았다. 그러나 란체스터 법칙에 대해서는 전혀 알려져 있지 않은 것을 보고 나는 놀랐다.

플레처 씨에 의하면, 1975년부터 78년까지 다오카 노부오 선생님으로부터 방문하고 싶다는 의사를 직접 연락받았다고 한다. 그러나 그때마다 여러 가지 사정으로 방문을 허락하지 못한 것을 애석해 하고 있었다.

란체스터 기념관이 생기고나서 자료의 열람을 하러 온

일본인은 내가 처음이었다. 관계자 몇사람에 의해서 란체스터에 관한 기록을 정리하고 있었다. 또한 란체스터 가문의 가계도도 완성되어 가고 있었다. 불원간 출판되기를 기대하고 있다.

란체스터 법칙은 제2차 대전에 의해서 전략 입안에 크게 공헌하고, OR(operatious research)의 기초가 되기도 했다. 대전이 끝난 뒤, 미국의 작전 연구에 종사했던 사람들이 경영 전략에 응용하고 있다. 그러나 란체스터 경영 전략으로서는 그다지 발전하지 않은 것 같다. 미국의 경영에서는 전혀 언급되지 않는 것을 보면, 경영 전략의 전문서는 아직 나오지 않은 것 같다.

내가 들은 바에 의하면, 다오카 선생님은 1955년 9월에 일본 과학기술 연맹에서 번역 출판한, 『오퍼레이션즈 리서치(OR) 방법』의 원문을 읽은 것이 란체스터와 만나는 계기였다고 한다. 이 책은 군사상의 문제를 많이 다루고, 란체스터 법칙에 대해서는 조금 밖에 소개하지 않았다. 하물며 경영 전략으로의 변환은 되어 있지 않았다.

이러한 사정이 있었음에도 불구하고, 이것을 경영 전략

으로 발전시킨 것은 다오카 선생님의 큰 위업이었다. 수많은 독창적인 연구에 의해서 경영 전략으로 확립시켜서 일본 경제에도 큰 공헌을 했다.

일본적 경영이라고 하면, "노사 협조"라든가 "QC·소집단 활동"이 각광을 받아 왔으나, 잘 생각해 보면 그것은 조직 체제나 노동 의욕의 문제였거나 생산관리상의 문제였지, 진정으로 경영에서 중요한 영업활동과 경합 대책과는 별개의 문제였다. 지금은 "물자 과잉" 시대가 되어서 어떻게 시장을 잡느냐 하는 경영의 방법이 문제시되고 있다. 돌이켜 보면, 일본적 경영의 커다란 기둥으로서 "란체스터 법칙"의 공헌도 이것에 더해야 한다. 동시에 일본은 란체스터 법칙으로 제2차 세계대전에서는 패했으나, 패전 후 그 쓴 잔을 산업과 경영면에서 거꾸로 살려서, 일본적 경영 속에 접목시켜 성공시킨 것이라고 할 수 있을 것이다.

마지막으로, 이 책은 일본의 경영 전략 분야에서 선도적 역할을 수행해 온 다오카 선생이 개발한 원리에 바탕을 두고 있다. 이 책을 다오카 노부오 선생님께 마음으로부터 바치고 싶다.

〈참고 문헌〉

이 책은 고 다오카 노부오 선생님의 노작에 힘입은 바가 크다. 여기에 적어서 선생님께 감사를 드리고 싶다. 독자 여러분도 부디 읽어 주기를 부탁한다.

란체스터 판매 전략 (전 5권)
- 『란체스터 전략 입문 – 필승의 경쟁과학 입문』
- 『시장 참가 전략 – 신제품 시장 도입의 과학』
- 『테리토리 전략 – 지역 공격의 과학』
- 『대리점·특약점 전략 – 선택과 변경의 과학』
- 『세일즈맨의 전략 – 작업 표준화의 과학』

란체스터 시리즈
- 『도해 란체스터 법칙 입문』
- 『실천 란체스터 법칙 – 경쟁 시장 공략법』
- 『속 실천 란체스터 법칙 – 최신 시장 공략법』
- 『다오카 노부오의 3점 공략법 – 지역 점거의 전개 전략』
- 『란체스터 지역별 시장 공방법』(서일본편, 동일본편)
- 『최신 란체스터 응용 전략 – 지금 법칙을 어떻게 활용하는가!』
- 『란체스터 영업 위기 관리 전략 – 판매 목표 100% 완수 체크법』

란체스터 마케팅 참모학 (전 3권)
- 『마케팅 참모학 입문 – 그 조직과 관한, 기능과 역할』
- 『마케팅 예측 적중학 – 예측 스탭의 과학』
- 『마케팅 참모인재학 – 스탭의 자질과 재성』
  이상 비즈니스사 간행

역전 판매 전략 시리즈 (전3권)
- 『약자 역전의 판매 전략』
- 『대리점·특약점의 재편성 전략』
- 『전략형·공격형 세일즈맨의 조건』
  이상 마케팅 연구협회 간행

『사장의 영업 전략』일본경영합리화 협회
『경영 전략의 총점검』매니지먼트사
『판매 촉진의 심리학』매니지먼트사
『특약점의 종합 관리』일본 생산성 본부
『전략적 리더 승리의 10개조』야마데쇼보
『제도섬 사회의 경영 전략 – 지역편』야마데쇼보
『제로섬 사회의 경영 전략 – 마켓세어편』야마데쇼보
『주택 판매 전략 매뉴얼』시책연구 센터

294

약자가 강자를 이기는 15 원칙

지은이 • 타케다 요이치   옮긴이 • 정성호
펴낸곳 • (주)삼양미디어   펴낸이 • 신재석

출판등록 • 2002년 1월 9일   제10-2285호
주   소 • 121-840 서울시 마포구 서교동 394-67
전   화 • 02) 335-3030   팩   스 • 02) 335-2070
홈 페 이 지 • www.samyangm.com
이 메 일 • book@samyangm.com

1판 1쇄 발행 2004년 5월 15일
1판 2쇄 발행 2007년 10월 15일

ISBN • 89-90038-82-0

책 값은 뒷 표지에 있습니다.
잘못 만들어진 책은 구입하신 서점에서 바꾸어 드립니다.